Marcus Skupin

Endlich eine Katze

Anschaffung und Haltung

Edition – Welt der Katzen – Band II

http://www.welt-der-katzen.de

Bildnachweis:

Titelfoto, Seiten 40, 49, 74, 77, 78, 83, 86; 118
grapheum – Michaela Münch
http://www.grapheum.de

Seite 29
Maria Falkena-Röhrle

Seiten 11, 14, 22, 35, 51, 60, 69, 96, 102, 109;
Welt der Katzen - Marcus Skupin
http://www.welt-der-katzen.de

Bibliographische Informationen der Deutschen Nationalbibliothek:
Die Deutsche Nationalbibliothek verzeichnet diese Publikation in der
Deutschen Nationalbibliografie: detaillierte bibliografische Daten
sind im Internet über http://dnb.d-nb.de abrufbar.

Endlich eine Katze, 1. Auflage

Herstellung und Verlag: Books on Demand GmbH, Norderstedt

ISBN 13: 9783842330184

Inhaltsverzeichnis

Abschnitt I

Allgemeines zur Katze

Taxonomie

Sie entstanden vor bis zu 12 Millionen Jahren aus einer Urform und haben seitdem (fast) den gesamten Erdball erobert. Lediglich die Kontinente Australien und Antarktis sowie die vor Afrika liegende Insel Madagaskar sind von Natur aus "katzenfreie Zone".

Die Familie der echten Katzen lässt sich nach genetischen Untersuchungen von O`Brien und Johnson in drei Hauptzweige unterteilen. Dies führt zu folgendem, aktuellen Stammbaum der Katzen.

Die genetisch älteste Gruppe, der 1. Hauptzweig der heutigen Wildkatzen, ist die sogenannte Ozelotgruppe, die sich vor 12 Millionen Jahren entwickelte.

Die 7 Arten werden in 3 Gattungen (Leopardus, Oncifelis und Oreailurus) eingeteilt und leben alle auf dem südamerikanischen Subkontinent, überwiegend im Regenwald.

1. Hauptzweig; Ozelot-Gruppe

(3 Gattungen mit 7 Arten) (ca. 12 Millionen Jahre)

Gattung Leopardus

Ozelot - Ocelot - Leopardus pardalis

Tigerkatze - Oncilla - Leopardus tigrinus

Langschwanzkatze - Marguay - Leopardus wiedii

Gattung Oncifelis

Pampaskatze - Pampas Cat - Oncifelis colocolo

Kleinfleckkatze - Geoffroys Cat - Oncifelis geoffroyi

Chilenische Waldkatze - Kodkod - Oncifelis guigna

Gattung Oreailurus

Bergkatze - Andean Mountain Cat - Oreailurus jacobita (*vermutlich)

Zwei bis vier Millionen Jahre später brachte die Evolution den 2. Hauptzweig der Wildkatzen hervor.

Die Wildkatzengruppe (teilweise auch als Hauskatzengruppe bezeichnet, weil die Urahnin unserer Hauskatzen, die nubische Falbkatze Felis silvestris lybica ihr angehört) besteht aus 2 Gattungen mit 6 unterschiedlichen Arten.

Die Arten dieses Hauptzweiges sind auf 3 Kontinenten zu Hause. Sie kommen in Asien, Afrika und Europa vor.

2. Hauptzweig; Wildkatzen-Gruppe

(2 Gattungen mit 6 Arten) (ca. 8-10 Millionen Jahre)

Gattung Felis

Graukatze - Chinese Desert Cat - Felis bieti

Rohrkatze - Jungle Cat - Felis chaus

Sandkatze - Sand Cat - Felis margarita

Schwarzfusskatze - Black-footed Cat - Felis nigripes

Wildkatze - Wildcat - Felis silvestris (*hierzu gehört auch die Hauskatze)

Gattung Otocolobus

Manul - Pallas Cat - Otocolobus manul

Weitere 1 bis 4 Millionen Jahre dauerte es, bis sich der 3. Hauptzweig der Katzenfamilie in seiner heutigen Form gebildet hatte. Die Großkatzengruppe war entstanden.

Ihr werden neben den eigentlichen Großkatzen (Löwe, Tiger, Schneeleopard, Leopard, Jaguar, Nebelparder und Borneo-Nebelparder; 7 Arten) aufgrund genetisch belegter Verwandtschaft auch zahlreiche zu den Kleinkatzen zählende Arten zugeordnet.

Auffällig ist, dass die Entwicklung dieses 3. Hauptzweiges sich auf allen Kontinenten, auf denen heute Wildkatzen vorkommen, vollzogen hat.

3. Hauptzweig; Grosskatzen-Gruppe;

(13 Gattungen mit 24 Arten), (ca. 3-7 Mio. Jahre)

3.1 Grosskatzen (3 Gattungen mit 7 Arten)

Gattung Panthera (4 Arten)

Löwe - Lion - Panthera leo

Jaguar - Jaguar - Panthera onca

Leopard - Leopard - Panthera pardus

Tiger - Tiger - Panthera tigris

Gattung Uncia (1 Art)

Schneeleopard - Snow Leopard - Uncia uncia

Gattung Neofelis (2 Arten)

Nebelparder - Clouded Leopard - Neofelis nebulosa

Borneo-Nebelpader - Neofelis diardi

3.2 Luchse (2 Gattungen mit 5 Arten)

Gattung Lynx

Kanadaluchs - Canadian Lynx - Lynx canadensis

Eurasischer Luchs - Eurasian Lynx - Lynx lynx

Pardelluchs - Iberian Lynx, Pardel Lynx - Lynx pardinus

Rotluchs - Bobcat - Lynx rufus

Gattung Pardofelis

Marmorkatze - Marbled Cat - Pardofelis marmorata

3.3 Wieselkatze (1 Gattung, 1 Art)

Gattung Herpailurus

Wieselkatze - Jaguarundi - Herpailurus yaguarondi

Endlich eine Katze

3.4 Karakal und Serval (2 Gattungen mit je 1 Art)

Gattung Caracal

Karakal - Caracal - Caracal caracal

Gattung Leptailurus

Serval - Serval - Leptailurus serval

3.5 Bengalkatzen (1 Gattung mit 4 Arten)

Gattung Prionailurus

Bengalkatze - Leopard Cat - Prionailurus bengalensis

Flachkopfkatze - Flat-headed Cat - Prionailurus planiceps

Rostkatze - Rusty-spotted Cat - Prionailurus rubiginosus

Fischkatze - Fishing Cat - Prionailurus viverrinus

3.6 Goldkatzen (2 Gattungen mit 3 Arten)

Gattung Catopuma

Borneo-Goldkatze - Bornean Bay Cat - Catopuma badia

Asiatische Goldkatze - Asiatic Golden Cat - Catopuma temminckii

Gattung Profelis

Afrikanische Goldkatze - African Golden Cat - Profelis aurata

3.7 Gepard und Puma (2 Gattungen mit je 1 Art)

Gattung Acinonyx (separate Entwicklung seit ca. 5 Mio. Jahren)

Gepard - Cheetah - Acinonyx jubatus

Gattung Puma

Puma - Puma, Cougar, Mountain Lion - Puma concolor

Biologie der Katze

Die Anatomie, das heißt der Körperbau von domestizierten Katzen (Haus- und Rassekatzen) entspricht im Wesentlichen dem der wilden Klein- und Großkatzen. Form und Proportionen des Skelettes sind bei allen Katzen nahezu gleich, egal ob Hauskatze oder Tiger; lediglich die Größe des Skeletts ist natürlich unterschiedlich. Katzen verfügen übrigens über etwa 40 Knochen mehr als wir Menschen.

Erst durch die Rassekatzenzucht haben sich bei verschiedenen Katzenrassen die Schädelformen gegenüber der ursprünglichen Form verändert. Extrembeispiele sind hier der rundliche Schädel mit gedrungenem Oberkiefer der Perserkatze (Brachyzephalie) sowie der verlängerte Schädel der Siamkatze und ihr nahe verwandter Rassen.

Katzen verfügen über ein stabiles Skelett, das jedoch sehr leicht und elastisch gebaut ist. Es erlaubt die Wendigkeit der Katze, die insbesondere bei der Jagd von großem Vorteil ist und auch die elegante Fortbewegung der Tiere ermöglicht.

Wesentlichen Beitrag zur Wendigkeit der Katze leistet die Natur mit dem System der "lose" sitzenden Schulter. Die Schulterblätter sind lediglich durch Muskeln und Bänder mit der Wirbelsäule verbunden. Darüber hinaus fehlt der Katze ein Schlüsselbein. Lediglich ein Fragment, ein kleiner in die Muskulatur eingebetteter Knochen ist noch vorhanden. Dadurch wird die Bewegungsfreiheit der Katze weiter erhöht, denn so war es der Natur möglich den Brustkorb der Katze schmaler zu "gestalten", die sich somit z.B. durch engere Spalten zwängen kann.

Die Knochen bestehen innen aus verkalkten Streben, deren Hohlräume mit Knochenmark gefüllt sind. Die Blutzufuhr zu den Knochen erfolgt über eine Membranöffnung. Der Schädel besteht aus 29 Einzelknochen, die zur Erleichterung der Geburt erst anschließend miteinander verwachsen.

Das Wachstum der Knochen wird durch Hormone gesteuert und zwar sowohl durch Wachstums- als auch Geschlechtshormone. Aus diesem Grunde bekommen Katzen, die sehr früh kastriert werden auch etwas längere Beine.

Apropos Beine; gerade die Knochen in den Beinen der Katzen sind besonders leicht und gewährleisten dadurch gute Lauf- und Sprungleistungen mit großer Spurtstärke. Katzen bewegen sich auf den Zehen. Mittelfuß und Fersenbein haben bei der Fortbewegung keinen Bodenkontakt.

Die Wirbelsäule der Katzen besteht aus 44-58 Wirbeln, die sich in 7 Halswirbel, 13 Brustwirbel, 7 Rückenwirbel, 3 Kreuzwirbel (miteinander verwachsen) und 14-28 Schwanzwirbel aufteilen.

Bei Hauskatzen sind es 50-53 Wirbel, davon 20-23 Schwanzwirbel.

Die Waffen der Katze

Die Waffen der Katze bestehen aus dem starken Gebiss und den scharfen, sichelförmigen Krallen.

Die Krallen sind die wohl wichtigsten Werkzeuge der Katzen. Sie bestehen, wie die menschlichen Fingernägel, aus Keratin und verlängern das letzte Zehenglied.

Katzenkrallen sind spitze, scharfe und sichelförmig gebogene Waffen, die zur Jagd, zur Verteidigung und beim Klettern eingesetzt werden. Darüber hinaus dienen sie auch der Kommunikation, indem Kratzspuren zur Reviermarkierung eingesetzt werden.

Zum Schutz vor Abnutzung können alle Katzen ihre Krallen einziehen (Geparde allerdings nur eingeschränkt). Dies geschieht durch eine Art "Klappmechanismus", bei dem das dritte neben das zweite Zehenglied gezogen und durch Bänder in dieser Position gehalten wird. Die Krallen verschwinden dabei im Fuß der Katze.

Ausgewachsene Hauskatzen haben - wie auch viele wilde Katzenarten - ein Gebiss mit 30 Zähnen. Junge Katzen hingegen haben noch nicht alle Backenzähne. Ihr Milchgebiss weist daher nur 26 Zähne auf.

Die Zahnformel für das Milchgebiss lautet:

oben 3P 1C 3I

unten 2P 1C 3I

Die Zahnformel für das bleibende Gebiss:

oben 1M 3P 1C 3I

unten 1M 2P 1C 3I

Die Buchstaben sagen Folgendes aus:

M = Molare = Backenzähne

P = Prämolare = Vor-Backenzähne

C = Canini = Reisszähne

I = Incisivi = Schneidezähne

Es wird jeweils nur eine Seite des Kiefers beschrieben, so dass die Zahl mit 2 multipliziert werden muss.

Das Gebiss der Katze ist auf das Zerteilen und Fressen von Fleisch ausgerichtet.

Die Fangzähne dienen wie der Name bereits sagt, dem Fangen aber auch dem Halten und Töten von Beutetieren. Fangzähne sind deutlich vergrößert und werden zumeist in den Nacken oder die Kehle der Beute geschlagen, wobei Halsschlagader oder Rückenmark durchtrennt werden. Einige Katzenarten nutzen die Fangzähne auch zum "Aufbrechen" gepanzerter Beutetiere.

Mit Hilfe der Schneidezähne wird das Fleisch regelrecht von den Knochen der Beute geschnitten. Die Reißzähne arbeiten schließlich wie eine Schere zusammen und zerteilen die Beute in "mundgerechte" Stücke.

Haut & Fell

Die Haut ist nicht nur die äußere Hülle des Katzenkörpers, sondern auch eines der größten Organe der Katze. Neben der Schutzfunktion beispielsweise vor Austrocknung des Körpers, mechanischen Einwirkungen und dem Eindringen von Mikroorganismen dient die Haut im Zusammenspiel mit dem Fell (Sommer- bzw. Winterfell) auch der Wärmeregulation des Körpers, als Ausscheidungsorgan (Talg, Pheromone) sowie als Sinnesorgan. Darüber hinaus können in der Haut bis zu 10 % des Blutes einer Katze gespeichert werden.

Großkatzen haben zumeist ein Fell in bräunlicher oder sandfarbener Grundfarbe, die sich innerhalb der Arten sowie auch regional leicht unterscheidet.

Die Behaarung der Katze unterscheidet sich in Dicke, Länge und Dichte in Abhängigkeit von dem Lebensraum, den das Tier bevorzugt; beim einzelnen Individuum zudem je nach Körperstelle.

Auffällig ist, das die Musterung des Felles auch bei verschiedenen und räumlich weit getrennt lebenden Arten, wie z.B. den Leoparden (Afrika und Asien) und den Jaguaren (Mittel- und Südamerika) fast identisch ist. Gleiches gilt auch für die Fellfärbung des Löwen, des Karakal sowie den zu den Kleinkatzen zählenden Pumas.

Bei den Kleinkatzen gibt es verstärkt Unterschiede in der Fellfärbung, obwohl auch hier die Fleckenzeichnung in ihren verschiedenen Ausprägungen - unabhängig von der Katzenart - deutlich überwiegt. Beispiele hierfür sind Ozelot, Luchs, Nebelparder, Fischkatze, Bengalkatze, Serval und andere.

Die Sinne der Katze sind auf ihr Leben als Beutegreifer ausgerichtet.

Katzen verfügen zunächst über die gleichen Sinne wie der Mensch, nämlich Seh-, Gehör-, Geruchs-, Tast- und Geschmackssinn. Allerdings unterscheidet sich die Ausprägung dieser Sinne zum Teil erheblich von der des Menschen.

Außer vorgenannten 5 Sinnen, verfügen Katzen allerdings noch über weitere Sinne.

Einer davon ist der Gleichgewichtssinn, der zwar grundsätzlich auch beim Menschen vorhanden ist, bei der Katze aber weitaus besser funktioniert. - Kein Wunder. Menschen leben schließlich auf dem Boden; Katzen hingegen bewegen sich auch balancierend auf Zäunen, Mauern, Bäumen und springen sehr oft.

Das für den Gleichgewichtssinn zuständige Organ ist übrigens der sogenannte Vestibularapparat, der sich im Innenohr befindet.

Darüber hinaus besitzen Katzen einen besonderen Ortssinn und das Jacobson´sche Organ, das sie bei einer besonderen Kommunikationsform, der Chemokommunikation unterstützt.

Der **Sehsinn** der Katze ist erheblich besser als der des Menschen. Er ist auf die Jagd, insbesondere in der Dämmerung, abgestellt. Die an der Vorderseite des Kopfes sitzenden Augen ermöglichen - wie auch bei uns - durch die Überschneidung des Blickwinkels jedes einzelnen Auges ein räumliches Sehen, das z.B. für das Abschätzen von Entfernungen unerlässlich ist.

Das Gesichtsfeld einer Katze, d.h. der Bereich, in dem diese ohne eine Drehung des Kopfes sehen kann ist erheblich größer als das des Menschen. Bei Dunkelheit können sich die Pupillen der Katze zudem bis etwa 90 Prozent der Augenfläche weiten und es reicht ihr noch ein Sechstel der Lichtmenge, die ein menschliches Auge benötigen würde, um ein Bild zu sehen.

Grund für diese besondere Leistung der Augen ist der Aufbau des Katzenauges, das sich vom menschlichen Auge in einigen wichtigen Punkten unterscheidet. Neben dem Abstand der Netzhaut zum Augapfel und der stärkeren Krümmung der Netzhaut gehört hierzu eine weitere "Einrichtung" die die Katze uns Menschen voraus hat. Sie besitzt ein sogenanntes "tapetum lucidum", eine reflektierende Schicht an der Augenrückseite, durch die das wenige bei Dämmerung einfallende Licht "gespiegelt" wird, so dass in der Netzhaut die in den Lichtwellen enthaltenen Daten nochmals "gelesen" werden können. Das "tapetum lucidum" ist übrigens auch der Grund dafür, dass Katzenaugen bei Dunkelheit leuchten, sofern sie von einem Lichtstrahl berührt werden.

Katzenaugen können übrigens Farben unterscheiden, denen jedoch nach bisherigen wissenschaftlichen Erkenntnissen keine besondere Bedeutung zugemessen wird.

Katzen verfügen auch über ein ausgezeichnetes **Gehör**. Der Frequenzbereich geht hierbei bis zu etwa 65.000 Hz, was den des Menschen um mehr als das Dreifache übersteigt. Selbst das leiseste Rascheln und das leichteste Quieken von Nagetieren wird noch erfasst.

Die **Ohren** einer Katzen lassen sich unabhängig voneinander in fast alle Richtungen drehen, wodurch es ihr möglich ist, Beutetiere regelrecht zu orten und selbst bei Dunkelheit durch einen gezielten Sprung zu erwischen.

Der **Geruchssinn** von Katzen ist etwa doppelt so gut wie der des Menschen, andererseits aber nicht so gut wie der des Hundes.

Bei der Wahrnehmung mancher Gerüche wie Baldrian oder Katzenminze reagieren viele Katzen regelrecht berauscht. Hier spielt neben dem reinen Riechen auch wieder das Jacobson´sche Organ (Vomeronasalorgan) eine wichtige Rolle, mit dessen Hilfe chemische Substanzen (z.B. Drüsensekrete) ausgewertet werden können; die Katze flehmt.

Schließlich verfügen Katzen auch noch über den **Geschmackssinn**, der allerdings bei weitem nicht so ausgeprägt ist wie bei uns Menschen. - Er ist hauptsächlich darauf ausgerichtet, die für die Katze wichtigen, tierischen Aminosäuren im Fleisch festzustellen. Es gilt heute als sicher, dass Katzen nicht in der Lage sind, "Süßes" zu erschmecken. Sie können allerdings durchaus saure, salzige und bittere Substanzen unterscheiden.

Der **Ortssinn** der Katzen verleiht diesen wunderschönen Tieren, die Fähigkeit selbst über große Entfernungen ihr Heim wiederzufinden. Ob die Katzen sich hierbei an Geräuschen oder etwa an elektromagnetischen Feldern der Erde orientieren ist derzeit noch nicht endgültig geklärt. Untersuchungen haben allerdings ergeben, das an Katzen befestigte Magnete das mit dem Ortssinn verbundene "Heimfindevermögen" stören.

Dies würde, ebenso wie die Tatsache, das im Katzenhirn kleine Mengen Eisen eingelagert sind, für die zweite Annahme sprechen.

Schließlich ist auch der **Tastsinn** der Katzen etwas ganz Besonderes. Am auffallendsten sind auf den Tastsinn der Katze bezogen sicherlich die Tasthaare, die die Katze hauptsächlich an Ober- und Unterlippe (Schnurrhaare) sowie über den Augen trägt. Auch an Kinn und Wangen sowie an den Vorderbeinen (Rückseite) befinden sich Tasthaare.

Die Tasthaare sind an den Haarwurzeln, die dreimal tiefer in der Haut liegen als normale Haarwurzeln, mit zahlreichen Nerven verbunden, die Signale an das Gehirn der Katze weiterleiten. So werden z.B. Hindernisse oder enge Stellen unabhängig vom Sehsinn der Katze "gemeldet". Die Vibrissen, wie die Tasthaare auch heißen, sind bereits bei Neugeborenen voll entwickelt (im Gegensatz zum Seh- und Gehörsinn) was die Wichtigkeit dieses Sinnes für die Katze verdeutlicht.

Tasthaare sind sehr beweglich und geben dem Beobachter auch Aufschluss über die Stimmung der Katze.

Ebenfalls dem Tastsinn der Katze zuzuordnen sind die empfindlichen Sohlenballen der Katze. Die Empfindlichkeit ist so groß, das Katzen bereits leichte Erschütterungen wahrnehmen und so auch Gefahren für den Menschen - wie Erdbeben erfassen können.

Schaltzentrale des Katzenkörpers

ist das Gehirn. Hier laufen alle Informationen der Sinnesorgane (Informationen über die Außenwelt der Katze) und Hormondrüsen der Katze zusammen. Diese Informationen werden den zuständigen Bereichen des Gehirns zugeleitet und dann dort analysiert. Über das Nervensystem werden anschließend die erforderlichen Befehle an den Körper übermittelt.

Die "Herstellung" der zur Steuerung erforderlichen Hormone erfolgt in der Hirnanhangdrüse, der sogenannten Hypophyse.

Das Gehirn selbst ist ein kompliziertes Gebilde. Es besteht aus mehreren Milliarden besonderer Zellen, den Neuronen. Jede dieser Neuronen verfügt über bis zu 10.000 Verbindungen zu weiteren Zellen und kommuniziert mit anderen Neuronen über chemische Botenstoffe, sogenannte Neurotransmitter. Diese Botenstoffe sind in der Lage Informationen mit einer Geschwindigkeit von bis zu 400 km/h weiterzugeben.

Im Gehirn werden die Informationen, die der Katze angeboren sind (z.B. zum Sexualverhalten) ebenso gespeichert wie Informationen über erlernte Verhaltensweisen.

Das Gehirn von Hauskatzen ist übrigens etwas kleiner als das vergleichbarer wilder Katzen. Grund hierfür ist, das bestimmte Bereiche des Gehirns nicht voll entwickelt werden (müssen), da das Leben bei und mit dem Menschen verschiedene Fähigkeiten der Katze wie z.B. die Jagd nur in geringem Umfange erfordert.

Herkunft der domestizierten Katze

Es gilt heutzutage als sicher, dass unsere Haus- und Rassekatzen von den Falbkatzen, genauer: von der nubischen Falbkatze, abstammen.

Ihren Siegeszug um die Erde sollen sie nach bisherigem Kenntnisstand von den nordafrikanischen Staaten, hauptsächlich vom alten Ägypten aus, - etwa 2.500 Jahre vor Christus also vor 4.500 Jahren - angetreten haben. Die Funde von Katzenmumien in zahlreichen Gräbern belegen, dass der Katze ein besonderer Wert beigemessen wurde.

Eine sensationelle Entdeckung gelang erst vor wenigen Jahren bei Grabungen auf Zypern. Französische Forscher fanden dort die Skelette eines Menschen und einer nubischen Falbkatze in einer gemeinsamen Grabstätte.

Die Leichen waren in einem Abstand von etwa 40 cm symmetrisch angeordnet gefunden worden, was "auf eine enge Beziehung zu Lebzeiten schließen lässt", so der Vertreter des Naturhistorischen Museums Paris, Jean-Denis Vigne, anlässlich einer Präsentation in der Fachzeitschrift "Science" am 9. April 2004 (Band 304, S. 259).

Die Fundstätte befindet sich in "*Shilourokambos*", einem Dorf, das in der Zeit zwischen 8.300 und 7.000 vor Christus bewohnt war.

Obwohl schon seit langem bekannt ist, das Katzen nur mit menschlicher Hilfe nach Zypern gelangt sein konnten, war bisher ungeklärt ob es sich hierbei um wilde oder gezähmte Tiere gehandelt hat. - Nun scheint jedoch klar, das zumindest einige dieser Tiere wohl mit den Menschen „verbunden" waren und das bereits vor 9.000 - 10.000 Jahren also etwa 5.000 Jahre früher als dies bisher aus dem Alten Ägypten angenommen wurde.

Allerdings von einem wirklichen Haustier Katze konnte man zu dieser Zeit noch nicht sprechen. Es handelte sich zu dieser Zeit wohl eher um gezähmte Wildkatzen.

Domestikation der Katze

Eine wirkliche Domestikation der Katze durch den Menschen, das heißt die gezielte Trennung von der Wildform sowie die Auslese nach willkommenen Eigenschaften über zahlreiche Generationen hinweg, hat lange nicht stattgefunden.

Die Katze hat sich vielmehr aus freien Stücken in der Nähe des Menschen angesiedelt, sich ihm angeschlossen. Insoweit handelt es sich bei der Domestikation der Katze eher um eine Selbstdomestikation.

Erst mit Beginn der Rassekatzenzucht kann man im eigentlichen Sinne von einer Domestikation der Katze sprechen. Seit dieser Zeit lassen sich auch einige der üblichen Folgen von Domestikation bei der Katze feststellen.

Hierzu zählen beispielsweise die Erweiterung der vorkommenden Fellfarben, Verlust oder Verminderung natürlicher Verhaltens-weisen, Veränderung des Typs und anderes.

Insgesamt allerdings ist die Katze ihrer wilden Stammform nach wie vor noch immer sehr ähnlich. - Hoffen wir, dass das noch lange so bleibt.

Wechselhafte Geschichte

Die Katze hat eine sehr wechselhafte Geschichte hinter sich. Wurde sie im Alten Ägypten noch als Heilige und Göttin verehrt, so änderte sich dies in späteren Zeiten.

Im Mittelalter wurde der Katze nachgesagt, sie könne wahrsagen und habe Zauberkraft. - Sie wurde schließlich zu einem gespenstischen Wesen, einer Verkörperung des Bösen und Begleiterin von Hexen und Dämonen.

Gerade die Kirche hatte lange ein sehr gespaltenes Verhältnis zu den Katzen und das obwohl die Jungfrau Maria, die Mutter Gottes recht gute Beziehungen zu Katzen gehabt haben soll. - Zumindest wird sie gelegentlich mit einer Katze zu ihren Füßen dargestellt. Der Name "Mieze", mit dem Katzen ja häufig bezeichnet werden, soll von "Maria" abgeleitet worden sein.

In den Hexenprozessen des Mittelalters wurden Katzen, die den Buchstaben "M" auf der Stirn tragen (Tabbykatzen), verschont. - Diese Katzen nämlich sollen direkt von den "Mutter-Gottes-Katzen" abstammen.

Haus- und Rassekatzen

Der wissenschaftliche Name unserer domestizierten Hauskatzen, zu denen auch alle sogenannten Rassekatzen gehören, zeigt an, dass diese von den Falbkatzen (*felis silvestris lybica*) abstammen.

Mayr führte seinerzeit den Begriff der Großart als Bezeichnung nahe verwandter Arten ein und *Leyhausen* fasste die Waldwildkatze (*felis silvestris*), die Steppenwildkatze (*felis ornata*) und die Falbkatze (*felis lybica*) zur Großart "*felis silvestris ...*" zusammen.

Da es sich bei Wildform wie bei der domestizierten Form natürlich noch immer um die gleiche Art handelt, werden die domestizierten Tiere wissenschaftlich mit dem Zusatz "forma catus" bezeichnet.

Entstehung der Rassen

Einige der heute bekannten Katzenrassen werden bereits seit langer Zeit gezüchtet, auch wenn die heutigen Vertreter dieser Rasse manchmal kaum noch Ähnlichkeit mit deren frühen Vertretern aufweisen.

Durch die zunehmenden Reisemöglichkeiten wurden weitere Rassen bekannt. Gelegentlich kam durch auftretende Mutationen eine neue Rasse hinzu.

Mit der zunehmenden Freizeit der Menschen allerdings wuchs die Zahl der gezüchteten Rassen ab der Mitte des 20. Jahrhunderts sprunghaft an. Und auch jetzt zu Beginn des 21. Jahrhunderts scheint sich dieser "Trend" unaufhaltsam fortzusetzen.

Weitergehende Informationen:

Bis zum Jahre 1800 sind wohl maximal 10 unterschiedliche Rassen unter ihnen die Siam- und Perser- sowie Burma-, Türkisch Van- und Koratkatzen bekannt gewesen. In den Jahren 1801 bis 1900 kamen nur wenige weitere Rassen hinzu.

Bis zum Beginn des 20. Jahrhunderts wurden häufig lediglich die unterschiedlichen farblichen Varietäten als „Rassen gezählt".

Nach 1900 stieg die Anzahl der Katzenrassen dann sprunghaft an und ein Ende ist derzeit nicht absehbar. Bisher sind bereits über 60 verschiedene Katzenrassen bei den einzelnen Verbänden anerkannt.

Zusätzliche Infos im Internet:

welt-der-katzen.de/hausrasse/herkunft/entstehungderrassen/entstehung.html

Unterscheidung von Rassekatzen nach Haarlänge

Die verschiedenen - zumeist durch züchterische Bemühungen - entstandenen Rassekatzen gehören alle zur gleichen Art. Üblicherweise teilt man die Rassen in verschiedene Kategorien ein, die sich an der Länge des Fells orientieren.

Am bekanntesten sind sicherlich die kurzhaarige Siamkatze und die langhaarige Perserkatze. Beide Rassen dürften selbst dem Katzenlaien geläufig sein. Neben diesen Fellvarianten gibt es noch eine Mischform, die halblange Fellvariante. Zu den schönsten Vertretern dieser Kategorie gehört die Heilige Birmakatze über deren Entstehung sich eine interessante Legende rankt.

Die Unterscheidung nach Felllänge ist allerdings nicht unumstritten, da sie alle anderen Unterscheidungsmerkmale der Tiere vernachlässigt. Denkbar wären auch zahlreiche andere Systematisierungen, z.B. nach Körperform (eher schlank oder untersetzt), nach Herkunftsart (natürlich entstanden oder erzüchtet) und so weiter.

Kurzhaarige Rassen

Bekannteste Vertreterin der Kurzhaarrassen ist sicherlich die Siamkatze. Die Kurzhaarigkeit entspricht der Haarlänge der wilden Stammform unserer Haus- und Rassekatzen.

Von Kurzhaarkatzen spricht man, wenn die Tiere kaum Unterhaar haben (Beispiel: Siamkatze) oder wenn Deckhaar und Unterhaar die gleiche Länge aufweisen, wie das beispielsweise bei der Britisch Kurzhaarkatze (BKH) der Fall ist.

Kurzhaarigkeit ist genetisch dominant. Sobald die Katze die genetische Information für Kurzhaarigkeit, Allel (**L** -) besitzt, weist ihr Fell diese Eigenschaft auf. Auch wenn als zweites zugehöriges Allel vielleicht Langhaarigkeit getragen würde (L **l**).

Zur Gruppe der Kurzhaarkatzen gehören unter anderem: Abessinier, Burma, Europäisch Kurzhaar (EKH), Korat und Orientalisch Kurzhaar (OKH).

Weitergehende Informationen:

Allele sind - vereinfacht ausgedrückt - die möglichen "Schalterstellungen" von Genen, die sich jeweils am identischen Genort (Locus) eines Chromosoms befinden. Vergleichbar ist dies mit auch dem Zustand einer Glühbirne, der sowohl "an" als auch "aus" sein kann. Allerdings gibt es bei den Allelen auch einige Zwischenstufen (halb-an... insofern hinkt der Vergleich leider ein wenig ;).

Üblicherweise werden Allele mit Buchstaben bezeichnet. Diese Buchstaben gehen auf die Merkmale zurück, die durch dieses Allel hervorgerufen werden. Ein Großbuchstabe zeigt die Dominanz des Allels an.

Um das Vorhandensein des Normalgens der Katze (Wildform) zu verdeutlichen, wird dieses zumeist mit einem "+" gekennzeichnet. Bei den anderen Allelen handelt es sich jeweils um Mutationen.

Zusätzliche Infos im Internet:

Welt-der-katzen.de/katzenhaltung/genetik/genetik.html

Halblanghaarige Rassen

Zu den Halblanghaarrassen (Semilanghaar) gehören neben den bereits erwähnten Heiligen Birmakatzen auch die verschiedenen Waldkatzenrassen wie beispielsweise Maine Coon , Norwegische Waldkatze und Sibirische Katze sowie langhaarige Varianten verschiedener Kurzhaarrassen (Somali, Balinese).

Halblanges Fell kann sowohl eine Anpassung an natürliche Gegebenheiten sein (natürliche Auslese), als auch durch züchterische Bemühungen erzielt werden.

Genetisch gehören diese Tiere zu den Langhaarkatzen (Gencode ll).

Langhaarige Rassen

Der Inbegriff einer Langhaarkatze ist die Perserkatze , die heute in allen denkbaren Farbvarietäten gezüchtet wird. Früher wurden Langhaarkatzen zumeist als Angorakatzen bezeichnet.

Von Langhaarkatzen spricht man grundsätzlich, wenn das Fell im Vergleich zur wilden Stammform unserer Haus- und Rassekatzen länger ist.

Langhaarigkeit ist genetisch rezessiv. Eine Katze muss also grundsätzlich zwei gleichartige Allele (l l) aufweisen, damit ihr Fell lang wird.

Exotische Katzen

Der Mensch liebt das Besondere. Nicht nur bei Autos und Kleidung auch seine Haustiere sollen etwas hermachen und so ist es kein Wunder, das exotische Haustiere wieder stark im Kommen sind.

Die Möglichkeiten sind beinahe unbegrenzt. Waren es früher exotische Fische, dann Amphibien und Reptilien, so ist derzeit ein zunehmender Trend zu ungewöhnlichen Säugetieren zu verzeichnen.

Fernsehsendungen, die die wilden Gefährten in ihrer "Neuheimischen Umgebung" wie Wohn- oder Kinderzimmer zeigen, gibt es zwischenzeitlich genug und in ihnen laufen nicht nur Minischweine, Erdmännchen, Emus, Lamas und Äffchen sondern auch Wildkatzenhybriden, also Züchtungen aus Wild- und Rassekatzen und reine Wildkatzen wie Serval, Karakal, Ozelot und andere fröhlich vor der Kamera herum.

Wer nun fasziniert vor dem Bildschirm sitzt und vielleicht auf die Idee kommt, sich solch ein Tier anzuschaffen, der ist gut beraten, sich zunächst einmal mit den erforderlichen Haltungsbedingungen vertraut zu machen.

Entsprechen Züchtungen von Katzen mit Wildkatzenanteil beispielsweise die Rassekatzen Bengal und Savannah ab Filialgeneration F3 (Urgroßvater ist/war eine Wildkatze) in der Regel vom Verhalten her der Hauskatze, so ist bei den oben genannten Wildkatzen zu beachten, dass allenfalls Handaufzuchten bedingt wohnzimmertauglich sind.

Keinesfalls sind diese Tiere etwas für den Katzenlaien. Für die Haltung ist umfangreiches Wissen über die Spezies, das Verhalten von Katzen und ihre Bedürfnisse erforderlich.

Das beginnt bereits bei den gesetzlichen Bestimmungen; Wildkatzen stehen unter Schutz und bedürfen je nach Herkunft einer CITES-Bescheinigung (das gilt zum Teil auch für Wildkatzenhybriden).

In manchen Bundesländern ist darüber hinaus eine Haltungsgenehmigung erforderlich oder die Haltung generell verboten.

Für Wildkatzen und auch viele Hybriden insbesondere der F1- und F2-Generation ist des Weiteren ein Innen- und Außengehege erforderlich und artgerechte Ernährung, Haltung und tierärztliche Betreuung sind neben den Anschaffungskosten Positionen, die die Haltung solcher Tiere zu einem kostspieligen Vergnügen machen.

Apropos Anschaffungskosten:

Die Anschaffungskosten einer solchen Wildkatze belaufen sich je nach Art durchaus auf mehrere tausend Euro.

Gleiches gilt für viele Wildkatzenhybriden.

Wer ernsthaft über die Haltung von Wildkatzen, Wildkatzenhybriden oder sonstiger „exotischer" Tiere nachdenkt, dem wird dringend empfohlen, sich vorher umfassend zu informieren.

Zur Standardlektüre sollten die folgenden weiterführenden Bücher gehören (Einzelheiten finden Sie im Anhang):

- Die zahmen Wilden und die wilden Zahmen... von Maria Falkena-Röhrle
- Meine Wildkatzen von Heide-Marie Fahrenholz

Tipp:

Wie bei jedem Katzenkauf gilt auch hier:

Wer etwas Besonderes sucht, sollte nicht den Fehler machen auf eines der zu findenden Lockangebote hereinzufallen.

In diversen Internetforen werden Wildkatzen und Wildkatzenhybriden zu Preisen von wenigen hundert Euro angeboten.

Gelockt wird vielfach mit den Fotos niedlicher Jungtiere von Serval, Karakal, Luchs oder gar Gepard. Diese Angebote, meist aus England und Nigeria sind Fakes. - Wer die verlangte Anzahlung überweist, ist sein Geld los. Eine Katze wird er allerdings nie erhalten. - Was in den meisten Fällen sowohl für die Katze als auch für den Möchtegern-Besitzer die bessere Alternative sein dürfte.

Gloria; Abessinier-Oncilla-Hybride

Abschnitt II

Vorüberlegungen, Anschaffung, Notwendiges

Was vor oder bei der Anschaffung einer Katze zu beachten ist...

Zu einer Katze zu kommen ist eigentlich recht einfach. Im Bekanntenkreis gibt es immer jemanden, dessen Katze gerade Junge hat, die Tierheime sind voll von herrenlosen Katzen, in jedem der zahlreich erscheinenden Anzeigenblätter und Internetforen werden jegliche Arten, Rassen und Farben von Katzen - gegen Schutzgebühr - zuhauf angeboten und auf Katzenausstellungen oder in Fachzeitschriften bieten zahlreiche Züchter ebenfalls alle erdenklichen Katzenrassen zum Kauf an.

Nichts ist also einfacher, als der Versuchung nachzugeben und binnen kurzer Zeit frisch gebackene Katzenmutter oder -vater zu sein.

Jeder Interessierte und somit potentielle Katzenbesitzer sollte sich allerdings bereits vor der Anschaffung seiner Katze verschiedene Gedanken machen.

Nicht zuletzt darüber, ob die Katzenhaltung in der Miet- oder Eigentumswohnung erlaubt ist, wie alt sein Kätzchen werden kann, welche Kosten auf ihn zukommen (können) und wie der kleine Schmuser in der Urlaubszeit betreut und untergebracht werden soll und ganz wichtig "habe ich eigentlich genügend Zeit, mich ausreichend um den neuen Hausgenossen zu kümmern?"

Sie sehen, es gibt bereits im Vorfeld der Anschaffung einer Katze einiges zu bedenken und zu klären. Allerdings ist es damit noch lange nicht getan.

Wenn Sie sich denn nun nach <u>reiflicher Überlegung</u> zum Schritt der Anschaffung entschlossen haben, haben Sie noch immer die Qual der Wahl, sei es nun, dass Sie sich für eine Katzenrasse entscheiden müssen oder für einen bestimmten Züchter oder auch "nur" für ein bestimmtes Tier aus einem Wurf.

Hauskatzen bekommen Sie am besten bei Bekannten, aus Inseraten in der Tagespresse oder Anzeigenblättern, Katzen-vermittlungen im Internet oder in ihrem örtlichen Tierheim.

Rassekatzen sind nur bei Züchtern zu bekommen (gelegentlich auch im Tierheim!) Fast alle Rassen werden überall im Bundesgebiet und im benachbarten Ausland gezüchtet und so sollten Sie sich zunächst einmal bei verschiedenen Züchtern umhören und beraten lassen.

Bei der Wahl eines Züchters sollten Sie sich von folgenden Punkten leiten lassen:

- Gehört der Züchter einem Katzenzuchtverein an?
- Nimmt der Züchter sich Zeit für eine ordentliche Beratung?

- Geht er/sie auf Ihre Fragen ein?

- Klärt er Sie über die Rasse und ihre Eigenheiten auf?

- Werden die Jungtiere in der Wohnung aufgezogen? Können sie sich in der Wohnung frei bewegen?

- Steht der Züchter auch nach dem Kauf als Ansprechpartner bei Fragen und Problemen zur Verfügung?

- Erkundigt sich der Züchter nach ihren Verhältnissen und Vorkenntnissen in Sachen Katzenhaltung etc.?

Ein gewissenhafter Katzenzüchter wird Sie gern und umfassend über die Rasse sowie die Eigenheiten der einzelnen Katzen unterrichten. Gleichzeitig wird er sich ein Bild von Ihnen und den vorgesehenen, künftigen Lebensumständen seiner Jungtiere machen wollen.

Wenn Sie sich nun für einen Züchter entschieden haben, steht als nächstes die Entscheidung an, welches der Kätzchen (eine Katze oder ein kleiner Kater?) denn das Ihre werden soll.

Tipps:

Die folgenden Punkte sollten Sie unbedingt beachten:

- Das Kätzchen sollte aufgeschlossen sein und munter wirken. Es sollte gern spielen und sich nicht total verängstigt in die hinterste Ecke zurückziehen. Bedenken Sie jedoch, dass kleine Katzen ein hohes Ruhebedürfnis haben. Kommen Sie gerade zur Schlafenszeit wirkt auch das munterste Kätzchen schon mal etwas träge.

- Die Katze sollte in der Wohnung aufgewachsen sein und nicht in einem Zwinger oder Keller, wie es leider noch immer gelegentlich vorkommt. In einem solchen Fall fehlen meist die erforderlichen Kontakte zu anderen Tieren oder Menschen, was sich negativ auf das Sozialverhalten auswirken kann.

- Das Kätzchen sollte gesund und sauber sein. Die Augen müssen klar und dürfen auf keinen Fall verklebt sein. Die Ohren müssen ebenfalls einen sauberen Eindruck machen. (Katzen, die sich des Öfteren am Kopf kratzen können von Ohrmilben befallen sein !)

- Das Fell sollte gepflegt sein und sich weich und flauschig anfühlen. Schwarze Punkte im Fell deuten auf möglichen Flohbefall, Kotspuren im Fell des Afterbereiches auf eventuellen Durchfall hin.

- Sie sollten, insbesondere, wenn Sie evtl. beabsichtigen mit dem Tier zu Ausstellungen zu gehen oder gar zu züchten, tasten, ob das Kätzchen einen Nabelbruch oder Knickschwanz hat.

- Ihr neues Kätzchen sollte nicht vor einem Alter von 12 Wochen abgegeben werden und dann bereits entwurmt und zumindest gegen Katzenschnupfen und Katzenseuche geimpft sein.

Wichtig:

Kranke und arg verschreckte Tiere sollten Sie auf keinen Fall kaufen, egal was Ihnen der Züchter erzählt. Es gibt leider auch gelegentlich schwarze Schafe, die die Katzen unter den schlechtesten Bedingungen aufwachsen lassen und aus reiner Profitgier an mitleidige Zeitgenossen verkaufen.

Durch einen solchen Kauf unterstützen Sie derartige Zustände. Ein evtl. etwas geringerer Kaufpreis wird sich bestenfalls in Form hoher Tierarztrechnungen bemerkbar machen und schlimmstenfalls mit dem Tod Ihres Kätzchens enden.

Noch ein paar gut gemeinte Ratschläge:

Sie haben noch nie eine Katze besessen? Informieren Sie sich vor der Anschaffung unbedingt ausführlich über die Bedürfnisse einer Katze. Nur so sind Sie und Ihre Katze vor Enttäuschungen sicher. Es gibt zahlreiche Bücher zum Thema Katzenhaltung (mit dem Erwerb dieses Büchleins haben Sie bereits bewiesen, dass Sie sich ihrer Verantwortung bewusst sind) und unzählige, kostenlose Angebote im Internet. Nutzen Sie diese Möglichkeiten.

Mehr über Katzen;

im Internet unter: www.welt-der-katzen.de

Unüberlegte Anschaffungen vor Geburtstagen oder Weihnachten rächen sich häufig dann, wenn Sie feststellen, dass Ihre Katze regelmäßig Geld kostet und - hoffentlich, bei guter Pflege und ohne Krankheit - bis zu 20 Jahre alt werden kann.

Bedenken Sie, dass neben den Kosten für die Anschaffung der Katze (Schutzgebühr oder Kaufpreis) auch Kosten für Katzenklo, Kratzbaum und ähnliches anfallen.

Rechnen Sie mit durchschnittlichen Kosten von fünfzig bis sechzig Euro monatlich für Ausstattung, Futter, Katzenstreu, Gesundheitsvorsorge (Wurmkur, Impfungen und anderes).

Denken Sie rechtzeitig daran, Ihre Katze oder Ihren Kater kastrieren zu lassen. - Es gibt bereits genug ungewollten Katzennachwuchs.

Sie möchten züchten und mit der Zucht Geld verdienen? Denken Sie lieber daran zu arbeiten. Katzenzucht ist zwar auch Arbeit, wenn Sie es richtig machen, viel Arbeit sogar, doch mit der Katzenzucht ist kein Geld zu machen. Eher werden Sie regelmäßig Geld zuschießen.

Auswahl Ihrer Katze

Über Katzen haben wir Menschen viele - zum Teil sehr unterschiedliche - Vorstellungen. Für die einen sind sie das Symbol der Freiheit; es kommen Gedanken an Unabhängigkeit, Eigensinn oder ein aufregendes Vagabundenleben auf, für die anderen sind sie das Sinnbild von schnurrender Gemütlichkeit nahe dem prasselnden Kamin an einem kalten Winterabend symbolisieren sie Wärme, Nähe und Geborgenheit.

... Es gibt auch noch eine dritte Gruppe, die hier jedoch nicht weiter erwähnt werden muss. Würden Sie zu dieser Gruppe gehören, so würden Sie diese Zeilen wohl kaum lesen...

- So unterschiedlich wie die Vorstellungen von der Samtpfote - so unterschiedlich sind auch die Gründe, die den Menschen heutzutage dazu bewegen, eine Katze in sein Heim aufzunehmen.

Da ist (um nur einige der vielen Möglichkeiten zu nennen) der Landwirt, der Katzen hält um Haus und Hof und natürlich hauptsächlich seine Ernte vor Mäusen und Ratten zu schützen; etwas entfernt wohnt vielleicht eine ältere Dame, der Minka ein freundlicher Gefährte gegen die Einsamkeit ist.

Dann gibt es den Tierfreund, der seine Katze aus dem Tierheim holt um einer verstoßenen Kreatur eine neue Chance zu geben; die Familie, auf deren Terrasse eines Tages eine Katze saß, die seitdem geblieben ist; den Hobbyzüchter der wiederum aus verschiedenen Gründen zu diesem Hobby gelangt sein kann und letztlich vielleicht noch ein Kind, das sich schon immer ein niedliches Kätzchen als Spielgefährten gewünscht hat.

Wie immer die persönliche Motivation zur Anschaffung einer Katze auch sein mag, eines ist vor der Anschaffung unbedingt zu bedenken.

Eine Katze ist ein Lebewesen, ein Geschöpf, das fühlen vielleicht sogar auch "denken" kann und das – wie bereits erwähnt - bei guter Haltung und Pflege durchaus ein Alter von bis zu 15 oder 20 Jahren erreicht. Mit der Anschaffung einer Katze übernehmen Sie mithin auch eine erhebliche Verantwortung, eine Tatsache, die nicht oft genug erwähnt werden kann.

Nun aber zurück zur Frage der Wahl und Auswahl Ihrer Katze. Grundsätzlich können und sollten Sie sich hierbei zunächst einmal an Ihren bereits vorhandenen Vorstellungen von einer Katze orientieren.

Je nach Ihrem persönlichen Geschmack und Ihren Vorstellungen von einer Katze, können Sie zwischen Langhaar-, Halblanghaar- und Kurzhaarkatzen wählen, zwischen zahlreichen Rasse- und Hauskatzen.

Wenn Sie sich für eine Rassekatze entschieden haben, können Sie im Weiteren eine bestimmte Farbvarietät, wie "seal-point" oder "blue-point" oder auch eine "Tabby-Katze" (mit Streifung / Tigerung) auswählen, je nach persönlicher Vorliebe und natürlich abhängig von dem, was im Wurf Ihres Züchters oder im Tierheim vorhanden ist.

Auch zwischen **Katze** und **Kater** können Sie sich gegebenenfalls entscheiden. - Zu beachten ist hier, dass nach meiner Erfahrung Kater – wie im richtigen Leben - vielfach einen "schluffigen" Charakter entwickeln, während Kätzinnen oft eher etwas eigensinniger und kratzbürstiger sind. - Allerdings ist der Charakter auch bei Katzen von Tier zu Tier unterschiedlich, so dass man sich darauf nicht unbedingt verlassen kann.

Des Weiteren können Sie sich daran orientieren, welche Katze am meisten auf Sie wirkt. Oft entscheidet auch die Katze für Sie, indem sie sich z.B. auf ihrem Schoß nieder lässt und sich dort während Ihres ganzen Besuchs nicht mehr wegbewegt. (In diesem Fall werden ehedem vorhandene Vorstellungen von Farbe und Geschlecht vielfach plötzlich völlig unwichtig!)

Nutzen Sie eine solche Gelegenheit um sich das Tier streichelnd und spielerisch näher anzusehen.

Wenn Sie die Ratschläge in diesem Buch beherzigen, sollten Sie demnächst stolzer Besitzer eines munteren, ausgeglichenen Kätzchens sein.

Wichtig!!

Wollen Sie sich für eine Katze aus dem Tierheim entscheiden, so sollten Sie bei Ihren Überlegungen berücksichtigen, das dort oft auch Tiere zu bekommen sind, die schlechte Erfahrungen gemacht haben oder ohne genügenden menschlichen Kontakt aufgewachsen und entsprechend scheu sind. Sofern Sie also ein verschmustes Kuscheltier suchen, so wäre eine solche Katze nur bedingt zu empfehlen.

Zumindest sollten Sie sich darüber im Klaren sein, dass in einem solchen Fall oft sehr viel Geduld und Zuwendung benötigt wird bis eine solche Katze Vertrauen fasst. - Ein „Aufwand" der sich lohnt.

Meine erste Hauskatze „Lucky" war ein solches Tier. Stunde um Stunde habe ich vor dem Sofa gehockt, unter dem sie sich verkrochen hatte. Rufen, locken, Leckerchen anbieten...

Es hat Tage gedauert, bis das Eis schließlich gebrochen war. Lucky wurde „meine" Katze. Allen anderen Familienmitgliedern gegenüber blieb sie zeitlebens etwas reserviert.

Katze oder Kater?

Gerade von Menschen, die noch keine oder wenig Erfahrung mit Katzen gesammelt haben, werden häufig ähnliche Fragen gestellt:

"Nehme ich ein - oder doch vielleicht besser zwei Kätzchen?"

"Ich möchte gerne Katzen unterschiedlicher Rassen, geht das gut?"

"Soll ich zwei Kätzchen aus dem gleichen Wurf nehmen?"

"Nehme ich besser zwei weibliche Tiere oder zwei Kater - oder ein Pärchen?"

Nun, eine allgemeingültige Antwort lässt sich eigentlich auf keine dieser Fragen geben. Katzen sind genau wie Menschen, Individuen und lassen sich daher nicht einfach in eine ,,Schublade stecken", geschweige denn, dass sie sich dann noch immer so verhalten, wie der Besitzer es vorgesehen hat.

Unabhängig von der vorstehenden Aussage, lassen sich jedoch einige Punkte festhalten, die Ihnen die Entscheidung sicherlich erleichtern können.

Viele Katzenrassen beispielsweise die Heiligen Birmakatzen sind sehr gesellige Tiere, die möglichst nicht alleine gehalten werden sollen. Gerade wenn der Besitzer berufstätig ist und naturgemäß längere Zeit am Tage seinem Broterwerb nachgehen muss, ist es ratsam, der Katze einen Spielgefährten zuzugesellen.

Dieser Spielgefährte muss nicht unbedingt eine Katze der gleichen Rasse, nicht einmal zwangsläufig eine andere Katze sein. Nach einer gewissen Eingewöhnungszeit kommen auch Katzen und Hunde meist gut miteinander klar.

Wichtig ist allerdings, dass die Katze möglichst von klein auf an einen artfremden Spielgefährten gewöhnt wird, insbesondere bei Katzen und Hunden kann es aufgrund der unterschiedlichen Körpersprache (beim Hund weist z.B. ,,Schwanzwedeln" auf seine freundliche Stimmung, bei der Katze dagegen auf ,,Unwilligkeit" hin) sonst durchaus zu Schwierigkeiten kommen.

Bei Kleintieren könnte darüber hinaus die Gefahr bestehen, dass diese als willkommene Abwechslung auf dem Speiseplan betrachtet werden. In jeder Schmusekatze steckt nunmal auch ein kleiner Tiger.

Zwischen Katzen bestehen derartige Probleme natürlich nicht.

Jungtiere auch verschiedener Rassen gewöhnen sich im Allgemeinen ohne Schwierigkeiten aneinander.

Wird einer erwachsenen Katze ein Jungtier zugesellt, gibt es auch hier in der Regel keine größeren Schwierigkeiten, da Jungkatzen von den älteren ein sogenannter "Babybonus" entgegengebracht wird. (Allerdings kann man sich darauf leider nicht 100%ig verlassen!) U n d : Ist ihre Stammkatze bereits älter, so kann sie vielfach mit einem übermütigen "Jungspund" nicht mehr viel anfangen und es besteht die Gefahr, dass sie sich lediglich in ihrer Ruhe gestört fühlt!!

Etwas problematischer wird die Sache gegebenenfalls auch, wenn erwachsene Katzen aneinander gewöhnt werden sollen.

Hier kommt es in der Regel zu kleineren Auseinandersetzungen, die mit Knurren, Fauchen oder Kratzen einhergehen können. Der Neuzugang „dringt" schließlich in ein angestammtes Revier ein, so dass zwischen den Tieren eine Rangordnung hergestellt werden muss.

Nach etwa einer Woche sollte allerdings auch hier eine Beruhigung zwischen den kätzischen Mitbewohnern oder zumindest eine deutliche Besserung eingetreten sein.

Bei Schwierigkeiten hilft Ihnen sicherlich das Kapitel Tipps zur Eingewöhnung Ihres "Neuzuganges" weiter.

Auch was die Geschlechter angeht, sind verschiedene Punkte zu beachten.

Grundsätzlich sind nach meinen Erfahrungen (vgl. auch Kapitel „Auswahl Ihrer Katze") Kater eher gemütlich, während weibliche Katzen oftmals aufgeweckter und auch zickiger sind. Wie immer im Leben, wird die Regel auch hier von der Ausnahme bestätigt.

Bei der Auswahl einer einzelnen Katze sollten Sie sich also auch davon leiten lassen, welche Eigenschaften Sie an Ihrem zukünftigen Hausgenossen besonders schätzen würden.

Sollten Sie sich für zwei Kätzchen entscheiden, gilt es darüber hinaus weitere Überlegungen anzustellen.

Allgemein sind natürlich die wenigsten Probleme zu erwarten, wenn Sie sich für zwei Kätzchen aus einem Wurf entscheiden. Die Beiden kennen sich bereits von Klein auf und es ist logischerweise nicht mehr erforderlich, die Tiere aneinander zu gewöhnen; damit entfällt bereits ein wesentlicher **Stressfaktor** für die Katzen.

Gleichgeschlechtliche Tiere haben den nicht zu unterschätzenden Vorteil, das es nicht zu unbeabsichtigten Deckungen kommen kann. Gerade wenn Sie sich für ein Pärchen aus einem Wurf entschieden haben, ist eine Deckung äußerst unerwünscht, da diese Verpaarung zu eng wäre und zur sogenannten Inzuchtdepression führen könnte.

Auch bei unterschiedlichen Rassen könnte natürlich - vorausgesetzt Sie erwerben eine Katze und einen Kater - eine Deckung erfolgen, was hinsichtlich der Verwandtschafts-verhältnisse und somit möglicher Inzucht zwar unproblematisch wäre, trotzdem natürlich ebenfalls nicht erwünscht ist.

Mythos:

In diesem Zusammenhang möchte ich auch direkt mit einem Vorurteil aufräumen. Die häufig verbreitete Meinung, dass eine Katze mindestens einmal Junge bekommen haben soll, ist vollkommener Unsinn. Für diese Annahme gibt es keinerlei medizinische Basis.

Vielmehr hat eine Kastration der Katze zahlreiche, erhebliche Vorteile. Sie lebt oft länger, bei freilaufenden Katzen verringert sich der Drang zum Streunen. Kastrierte Katzen markieren meist nicht, was jeder der einmal einen potenten und markierenden Kater im Hause hatte ganz sicher zu schätzen wissen wird und in den Tierheimen gibt es bereits mehr als genug herrenlose Katzen und Kätzchen. Die meisten der Katzenjungen, die zur Welt kommen, weil die Katze doch unbedingt einmal Junge haben sollte, landen leider ebenfalls dort.

Letztlich müssen Sie die Entscheidung, ob Sie lieber einer Katze oder einem Kater, oder gar beidem ein neues Heim geben möchten allein treffen. Tierheimmitarbeiter oder Züchter können Sie hier nur beraten und Ihnen die Vor- und Nachteile aufzählen.

Fest steht allerdings, dass es weitaus spannender, interessanter und oft auch lustiger ist zwei Katzen beim Spiel zuzuschauen, als einer einzeln gehaltenen Katze. Kurz: das Leben mit zwei Katzen ist für Sie und auch für Ihre Katze(n) in aller Regel die bessere Wahl.

Notwendiges für die Katz'

Was benötigt eigentlich eine Katze? Oder andersherum gefragt, was benötige ich, damit meine Katze zufrieden und glücklich ist?

Neben Aufmerksamkeit und Liebe für die Katzenseele sowie regelmäßiger Ernährung und Pflege für den Katzenkörper, benötigen Sie gewisse Utensilien, die Ihnen oder auch Ihrer Katze das Zusammenleben vereinfachen.

Katzentoilette

bewährt hat sich eine Kunststofftoilette mit mindestens acht bis zehn Zentimetern Randhöhe, die leicht zu reinigen ist.

Bei Katzentoiletten mit Deckel besteht der nicht unwesentliche Vorteil, dass nichts versehentlich über den Rand läuft. Gerade potente Tiere markieren schon einmal in der Katzentoilette. Bei einem deckellosen "Klo" wird hierbei auch mal die Wand getroffen.

Allerdings; „natürlicher" sind die deckellosen Katzentoiletten. In freier Wildbahn verscharren Katzen ihre Ausscheidungen unter offenem Himmel.

Tipp! Sollte die Katzentoilette eine Tür haben, müssen Sie die Katze rechtzeitig daran gewöhnen. Tiere, die Katzentoiletten mit Tür nicht kennen, benutzen diese teilweise nicht und machen ihr Geschäft dann an anderer Stelle. In einem solchen Fall genügt es zumeist die Tür auszubauen.

Bitte beachten Sie auch:

Die Katzentoilette darf nicht zu klein sein. Ihre Katze sollte sich darin zumindest problemlos drehen können.

Einige Modelle mit Haube und Tür weisen eine sehr schlechte Durchlüftung auf. Durch die hierdurch entstehende Geruchsbelästigung im Inneren der Katzentoilette kann es zur Unsauberkeit Ihrer Katze kommen.

Spreu

sollte bei Verbindung mit Feuchtigkeit Klumpen bilden, die sich leicht aus der Toilette entfernen lassen, ohne jeweils die gesamte Spreu erneuern zu müssen. Wenn es noch angenehm duften soll, so können Sie eine der Marken wählen, die mit „Babypuderduft" werben.

Achten Sie auf die Konsistenz der Katzenspreu. Ist die Spreu spitz und „pieksig", so wird sie von vielen Katzen nicht angenommen.

Kleine Schaufel

zur Entfernung von verschmutzter Spreu aus der Katzentoilette.

Die im Tierbedarfshandel erhältlichen Kunststoffschäufelchen (mit Löchern, durch die das unverschmutzte Spreu hindurch fallen kann) sind gut geeignet.

Kamm / Bürste

zum Kämmen des Fells.

Auch bei Katzen mit halblangem oder kurzem Fell, das teilweise gar nicht verknotet, sollte dieses gelegentlich gekämmt werden. Hierdurch wird loses Haar entfernt wird, das ansonsten von der Katze beim Putzen mit aufgenommen und dann von Zeit zu Zeit ausgewürgt wird.

Bei den Langhaar-Rassen, insbesondere bei Perserkatzen ist die regelmäßige Fellpflege ein absolutes Muss. Verfilzte Stellen lassen sich ansonsten nicht mehr ohne Schere lösen.

Futter- und Wassernäpfe

für Wasser, Trockenfutter und Dosen- (=Feucht-)futter.

Aus Hygienegesichtspunkten sind Schälchen aus Porzellan denen aus Kunststoff oder Blech vorzuziehen.

Kunststoffschälchen werden mit der Zeit brüchig und rissig, Bakterien siedeln sich an und können zu Erkrankungen, zum Beispiel zur *Kinnakne - schwarze Punkte am Kinn* - führen.

Set

worauf Sie die Schälchen stellen (vermindert die Verschmutzung des Fußbodens erheblich);

K(r)atzbaum

dient der Katze zur Krallenpflege (wetzen), aber auch zum Ausleben anderer natürlicher Verhaltensweisen, wie der Markierung des Reviers durch Kratzspuren.

Verhindert - zumindest zum Teil - das Wetzen der Krallen an Möbeln und bietet darüber hinaus einen von Katzen bevorzugten, erhöhten Sitzplatz.

Tipp! Der Kratzbaum soll auf jeden Fall so standfest sein, dass er auch beim Aufspringen einer erwachsenen Katze nicht wackelt, da sonst die Gefahr besteht, dass er nicht angenommen wird.

Es gibt einige erweiterbare Systeme, nicht ganz billig, aber sie sehen gut aus und man hat auch nach längerer Nutzungszeit noch Freude an ihnen.

Futter

Trocken- und/oder Dosenfutter Beide Futterarten enthalten grundsätzlich die für die Katze wichtigen Bestandteile in ausgewogener Menge.

Die Fütterung von Trockenfutter beugt in gewissem Umfang der Zahnsteinbildung vor, birgt jedoch die Gefahr, dass sich bei Ihrer Katze Nierensteine bilden können. Wichtig ist daher, dass bei Fütterung von Trockenfutter genügend Flüssigkeit (Wasser) zum Trinken zur Verfügung steht.

Als kleine Leckerei könne Sie ihrem Kätzchen, neben dem oben erwähnten Futter gelegentlich z.B. etwas Käse oder Quark mit Eigelb geben (zimmerwarm).

Wer es mag - das gilt auch für die Katzen - kann auch Eintagsküken füttern, die es übrigens im Internet auch in gewolfter Form gibt.

Zusatznahrung (Vitamine etc.) sind – wenn Sie Fertigfutter verfüttern - eigentlich unnötig, sollten wenn überhaupt nur als Leckerchen zwischendurch gegeben werden. Zu hohe Dosierungen können zu Erkrankungen der Katze führen. Bei ausschließlich biologisch artgerechter Rohfütterung (BARF) sind Nahrungszusätze allerdings unverzichtbar.

Wenn Sie Ihre Katze(n) selbst bekochen möchten, müssen Sie unbedingt auf eine ausgewogene Ernährung achten. Anleitungen finden Sie z.B. auf den Internetseiten des Westdeutschen Rundfunks (WDR).

Menschliche „Tischabfälle" sind als Katzenfutter keinesfalls geeignet. Sie sind in der Regel zu stark gewürzt und bieten der Katze kaum die benötigten Nährstoffe in korrekter Dosierung.

Weitere Einzelheiten zur Nahrung für Ihre Katze finden Sie im Kapitel Ernährung.

Katzengras

Katzen nehmen bei der Fellpflege ständig Haare auf. Diese Haare werden von Zeit zu Zeit ausgewürgt. Zur Unterstützung sollten Sie Ihrer Katze Katzengras anbieten (schont auch die in der Wohnung stehenden, hoffentlich ungiftigen Zimmerpflanzen).

Transportkorb oder -box

benötigen Sie zum sicheren Katzentransport nach Hause, zum Tierarzt oder auf Reisen.

Schutz- und Kaufvertrag

Der Schutzvertrag

Ein Schutzvertrag wird hauptsächlich dann geschlossen, wenn Sie Ihre Katze aus einem Tierheim erhalten. Er soll sicherstellen, dass die Katze künftig gut gehalten und versorgt wird (sowohl medizinisch als auch was die Ernährung und Zuwendung, die die Katze benötigt angeht.

In den Verträgen werden zumeist auch Kontrollrechte der Tierschutzvereine oder Tierheime geregelt, sowie sonstige gegenseitige Rechte und Pflichten.

Für den Inhalt des Schutzvertrages gelten die folgenden Ausführungen zum Kaufvertrag sinngemäß.

Der Kaufvertrag

Wie bei jedem Kauf kommt auch beim Kauf einer Katze ein Kaufvertrag zustande.

Dieser braucht zwar nicht schriftlich geschlossen werden, es empfiehlt sich jedoch trotzdem dies zu tun, da mündliche oder stillschweigend geschlossene Kaufverträge später - was hoffentlich nicht nötig sein wird - kaum zu Beweiszwecken herangezogen werden können.

Kaufverträge schützen sowohl Sie, den Käufer, als auch den Verkäufer/Züchter vor eventuellen, bösen Überraschungen und legen klar die Rechte und Pflichten der Vertragspartner fest.

Ein solcher Kaufvertrag sollte mindestens folgende Punkte beinhalten:

- Name und Anschrift des Verkäufers,

- Name und Anschrift des Käufers,

- Angabe des Kaufgegenstandes (Name, Rasse, Farbe, Zuchtbuchnummer, Geschlecht der Katze)

- Angabe des (Kauf)Preises
- Datum und Unterschrift des Verkäufers und Käufers

In Kaufverträgen über Rassekatzen werden darüber hinaus vielfach noch Sonder-Regelungen getroffen, die u.a. folgenden Inhalt haben können;

- Bezeichnung der Katze als Liebhaber-, Zucht- und/oder Ausstellungstier,
- Vor- und Rückkaufsrechte,
- Probezeiten (wenn z.B. bereits andere Katzen im Haushalt leben),
- Verbot der Weitergabe an Dritte,
- Zuchtverbote,
- Vertragsstrafen für den Fall der Zuwiderhandlung gegen vertragliche Regelungen
- Haftungsausschlüsse

Wie bei allen Verträgen gilt auch beim Kauf einer Rassekatze, dass Sie sich den Vertrag gut durchlesen und gegebenenfalls über einzelne Passagen verhandeln sollten.

Be**achten Sie bitte:** Verträge sind einzuhalten!

Die gelegentlich gehörte Meinung, "ich unterschreibe erst mal, ob ich mich dann an den Inhalt halte, kann sowieso niemand feststellen", kann durchaus auch einmal "in die Hose" gehen und dann unangenehme Folgen haben.

Es ist daher auf jeden Fall empfehlenswert, evtl. Änderungswünsche mit dem Züchter zu verhandeln und im Kaufvertrag nieder zu schreiben.

Sofern der Züchter in wichtigen Einzelheiten nicht bereit sein sollte, die entsprechenden Angaben im Kaufvertrag zu bestätigen, z.B. das es sich um ein Zuchttier handelt, sollte ggf. vom Kauf Abstand genommen werden.

Gefahren im Haushalt

Nun haben Sie bereits einiges für Ihre Katze vorbereitet. Es gibt allerdings noch ein wenig mehr zu tun.

In einem normalen Haushalt gibt es für Katzen viele Gefahren, die zu Verletzungen, schlimmstenfalls sogar zum Tod Ihres kleinen Lieblings führen können.

Ein wichtiger Grund also, sich mit diesem Thema zu beschäftigen und die Wohnung auf vermeidbare Gefahrenquellen hin zu untersuchen.

Zunächst einmal gilt, dass all das, was für ein Kleinkind gefährlich werden könnte, auch eine Gefahr für Ihre Samtpfoten darstellen kann. Allerdings: Im Gegensatz zum Kleinkind ist eine Katze in der Lage ihren Lebensraum deutlich dreidimensional „zu erobern". Also denken Sie bitte auch an die Gefahren, die in den höheren Gefilden Ihrer Wohnung, zum Beispiel auf Schränken lauern können.

Die folgende Zusammenstellung erhebt keinerlei Anspruch auf Vollständigkeit. Sie soll Ihnen lediglich als Sensibilisierungshilfe dienen.

Vermeidbare Gefahrenquellen

giftige Pflanzen

Zahlreiche der üblichen Zimmer-, Balkon- und Gartenpflanzen enthalten mehr oder weniger starke Giftstoffe, die bei Verzehr durch die Katze zu Beschwerden vom Unwohlsein bis zur ernsthaften Erkrankung führen können.

Sie können sich nicht darauf verlassen, dass Ihre Katze schon weiß, was gut für sie ist. Also verbannen Sie besser eine Pflanze zu viel als eine zu wenig aus dem Umfeld Ihrer Samtpfötchen.

Eine kleine Auflistung giftiger Pflanzen finden Sie unter welt-der-katzen.de im Internet.

Chemikalien/Putzmittel

müssen immer außer Reichweite der Katze aufbewahrt werden (Vergiftungsgefahr).

Medikamente / Teebaumöl

Es sollte selbstverständlich sein, dass Medikamente verschlossen aufbewahrt werden. Für den menschlichen Gebrauch bestimmte Medikamente können bei Tieren in der Regel nicht verwendet werden. Aspirin und Paracetamol führen bei Katzen beispielsweise zu tödlichen Vergiftungen. Bevor Sie sich an eine Medikation wagen, sollten Sie unbedingt Rücksprache mit Ihrem Tierarzt halten!

Auch natürliche Mittel wie Teebaumöl dürfen, beispielsweise zur Bekämpfung von Flöhen, bei Katzen keinesfalls Verwendung finden, da starke Vergiftungen die Folge sein können.

Plastiktüten

Katzen sind neugierig und verstecken sich gern in „Höhlen". Lassen Sie daher keine Plastiktüten liegen. Es besteht Erstickungsgefahr.

Strom-Kabel/Bänder

Es gibt zahlreiche Katzen, die Strom- und sonstige Kabel anknabbern. Schützen Sie Ihre Katze, in dem Sie Kabel verdeckt verlegen oder ummanteln. Ein Stromschlag kann tödlich enden.

Auch Bänder, Schnüre und ähnliches sollten nicht herumliegen. Spielende Katzen können sich in ihnen verheddern und sich erdrosseln.

Lametta

sollte in einem Katzenhaushalt nicht benutzt werden. Verschluckt die Katze Lametta hilft oft nur noch eine Operation des Tieres.

spitze Stifte (Blei-/Buntstifte)

dürfen wegen der Verletzungsgefahren ebenfalls nicht liegen beiben

Sonstige Gefahrenquellen

Haushaltsgeräte (Herd, Waschmaschine/Trockner)

Achten Sie bitte auf heiße Herdplatten (Topf drauf stellen) und prüfen vor der Benutzung von Waschmaschine und Trockner, ob es sich dort nicht eine Ihrer Katzen bequem gemacht hat. Auch Messer stellen natürlich eine Gefahrenquelle dar.

Aquarium/WC-Topf

Offene Aquarien oder WC-Töpfe stellen eine nicht zu unterschätzende Gefahr dar. Gerade kleinere Katzen schaffen es nicht allein wieder herauszuklettern.

Heizkörper

Sie haben noch die schweren, alten gusseisernen Rippenheizkörper in der Wohnung? Wenn Sie eine kleine Katze anschaffen, sollten Sie die Verstrebungen zur Wand hin polstern.

Unsere Jungtiere liebten es, auf die Heizkörper zu hüpfen und dann zwischen den Rippen und der Wand nach unten zu rutschen. Kaum unten angekommen, ging es wieder nach oben – und dann schnell wieder in die „Tiefe". Ein harmloser Spaß – dachten wir.

- Bis eines der Kätzchen kopfüber in die Rutschpartie startete und dummer Weise genau auf einer der Wandhalterungen landete. Aufmerksam wurden wir erst durch ein klägliches Fiepen. Nach unten ging es nicht weiter und herausziehen war auch nicht möglich. Blieb schließlich nur der Abbau des Heizkörpers. Der kleinen Katze ist übrigens nichts passiert, allerdings hätte die Geschichte auch anders ausgehen können...

Auch die neueren Heizkörper sind nicht ganz ungefährlich. „Abstürzende" Katzen können mit den Krallen in den Löchern der Blechabdeckungen hängen bleiben. Optimal sind daher Abdeckungen, deren Lochabstand so groß ist, dass sich die Krallen nicht verhaken können.

Kippfenster

müssen bei Abwesenheit immer geschlossen werden. Schon so manche Katze hat versucht durch das gekippte Fenster nach draußen zu gelangen, ist in den Fensterspalt gerutscht und hat sich schwere, innere Verletzungen zugezogen. Gerät ihre Katze mit dem Hals in den Spalt besteht größte Erstickungsgefahr.

Im Zoofachhandel und Internet gibt es Gitter, mit denen Sie bei Bedarf Kippfenster sichern können.

falsch oder ungenügend befestige Möbel

können beim Klettern zum Absturz Ihrer Katze führen;

Kerzen / offener Kamin

dazu muss man nicht wirklich etwas sagen;

offene Treppen (insbesondere bei glatten Stufen)

sollten gegebenenfalls mit Stufenmatten „gesichert" werden;

Lebensmittel

Das Katzen kein rohes oder halb gegartes Schweinefleisch fressen sollen, dürfte zwischenzeitlich ja hinlänglich bekannt sein. Durch den Genuss besteht die Gefahr der Übertragung der Aujeszkyschen Krankheit.

Was viele Katzenbesitzer jedoch nicht wissen, ist das auch zahlreiche andere für uns Menschen unbedenkliche Lebensmittel bei Hund und Katze zu schweren Gesundheitsstörungen bis hin zu tödlich endenden Vergiftungen führen können. Gleiches gilt für Genussmittel wie Tabak oder Alkohol.

Lebens- / Genussmittel	Erläuterung	Symptome
Avocado	enthält Persin, ein Toxin das den Herzmuskel schädigt, sowie weitere toxische Substanzen	Husten, Atemnot, steigende Herzfrequenz, Einlagerung von Wasser an Unterbauch und Hals
Bärlauch (Wilder Knoblauch)	Wirkung ähnlich der Zwiebel, bereits wenige Gramm sind gefährlich	Durchfall, Schwäche, Zerstörung der roten Blutkörperchen
Gartenbohne (roh)	enthält Toxin Phasin	Bauchkrämpfe, blutiger Durchfall, Erbrechen, Kreislaufkollaps
Hanf	Enthält Toxine Cannabinol und THC (Delta-9-Tetrahydrocannabinol)	Beeinträchtigung des Zentralen Nerven-Systems, Krämpfe, Übererregbarkeit, Zittern
Kartoffel (roh/gekeimt)	enthält Toxin Solanin	
Kiwi	enthält unter anderem Serotonin und Actinidin	leicht berauschend, Erbrechen, Durchfall
Knoblauch	Wirkung ähnlich der Zwiebel, bereits wenige Gramm sind gefährlich	Durchfall, Schwäche, Zerstörung der roten Blutkörperchen
Macadamia-Nuss	Vergiftungserscheinungen beim Hund bekannt; bei der Katze nicht ausgeschlossen	Schwäche, Erbrechen, blasse Schleimhäute, Steifheit,

Nikotin	in Zigaretten / Entwöhnungspflastern ...; die Nikotinmenge in 2 Zigaretten kann bereits tödlich sein!	Atembeschwerden, Kreislaufbeschwerden, Krämpfe, Erbrechen
Oleander	getrocknete Blätter, Öl,	Herzrhytmusstörung, Apathie,
Rosinen	können zu Nierenversagen führen;	Appetitlosigkeit, Bauchschmerzen, Erbrechen, Durchfall
Schokolade	enthält Theobromin, Abbau im Körper viel langsamer als beim Menschen, bereits kleine Mengen (2 Riegel) können tödlich sein; Gefahr steigt, je dunkler die Schokolade ist!	Erbrechen, Übelkeit, Nervosität, Zittern
Soja / Sojabohne (roh)	enthält Toxin Phasin, das erst durch längeres Erhitzen zerstört wird	
Steinobst (Aprikose, Pfirsich, Pflaume etc.)	enthält die Toxine Mygdalin und Prunasin, es entwickelt sich Blausäure!	Atembeschwerden, Erbrechen, Herzklopfen, Übelkeit -> führt zum Blockieren der Zellatmung
Weintrauben / Rosinen	können zu Nierenversagen führen; Gefahr bei Rosinen erheblich größer	Appetitlosigkeit, Bauchschmerzen, Erbrechen, Durchfall
Zwiebeln (rot oder weiß), in jeder Form (roh/gekocht/gebraten..)	Die in der Zwiebel enthaltenen ätherischen Öle bestehen aus Schwefelverbindungen, die auf Grund ihrer Zusammensetzung zur Auflösung der roten Blutkörperchen führen. Bereits 1/2 bis 1 Zwiebel sind extrem gefährlich!	Nach wenigen Tagen zusätzlich Appetitlosigkeit, Blässe der Schleimhäute, beschleunigte Herz- und Atemfrequenz, Blut im Urin, Schwäche.

Bei Lebensmittelvergiftungen sollte viel Wasser gegeben werden, außerdem sollte man das Tier Erbrechen lassen (hilft nur während der ersten 30 Minuten, danach befindet sich die aufgenommene Substanz nicht mehr im Magen). Schnellstmöglich einen Tierarzt aufsuchen. Dieser benötigt die Information was - und möglichst, welche Menge - das Tier gefressen hat.

Katzennamen

Früher wurden Katzen meistens Mietze, Peterle oder auch Mohrle genannt. Heute werden meist aktuelle, modische Namen ausgesucht.

Katzen vom Züchter haben einen Vor- und Nachnamen. Letzterer entspricht dem Zwingernamen des Züchters und kann – anders als bei menschlichen Namen dem Vornamen auch vorangestellt werden. Der Zwingername des Züchters kann von diesem in gewissen Grenzen frei gewählt werden. Dabei kommen dann manchmal ganz „interessante" Kombinationen heraus. Zum Schutz vor Doppelvergabe wird er in der Regel in ein Namensregister eingetragen (erledigt der Zuchtverein).

Meist hat eine Katze bereits einen Namen, wenn Sie sie zu sich nehmen. Ob Sie diesen künftig auch als Rufnamen nutzen, bleibt Ihnen überlassen.

Natürlich können Sie ihrer Katze jeden erdenklichen Vornamen geben. Eine kleine Aufstellung von Katzennamen finden Sie im *Anhang*.

Tipp:

Katzen sollen besonders gut auf Namen hören, in denen ein oder mehrere "A" oder "I" vorkommen.

Die katzengerechte Wohnungseinrichtung

Bevor Sie nun Ihre Samtpfote nach Hause holen, sollten Sie idealer Weise die Wohnung mit den erworbenen Gegenständen für Ihre Katze ausstatten.

Futternäpfe für Feucht- und gegebenenfalls Trockenfutter sollten einen festen Standort erhalten. Meist wird hierfür ein etwas geschützter Ort in der Küche oder auch im Flur gewählt. Sind auch Hunde im Haus, die einen anderen Nährstoffbedarf haben und daher kein Katzenfutter fressen sollten, können Sie die Futternäpfe ruhig in hundesicherer Höhe aufstellen.

Auch der **Wassernapf** erhält einen festen Standort. Viele Katzen haben allerdings etwas besondere Trinkgewohnheiten, nehmen Tropfen vom Wasserhahn, trinken Wasserreste aus der Spüle oder der Badewanne. Die meisten lieben es, wenn Wasser nicht „frisch" aus der Leitung kommt, sondern ein wenig abgestanden ist. Auch Regenwasser ist sehr beliebt.

Wollen Sie Ihrer Katze etwas Besonderes bieten, so können Sie einen **Zimmerbrunnen** aufstellen (sorgt gleichzeitig für ein angenehmes Raumklima). Es gibt auch spezielle Trinkbrunnen für Katzen, bei denen Sie sicher sein können, das diese keine schädlichen Substanzen ans Wasser abgeben. In unserer Wohnung stehen zwei Exemplare aus Keramik, die von allen Tieren gern genutzt werden.

Selbstverständlich müssen Näpfe und Brunnen regelmäßig gereinigt werden.

Die **Katzentoilette** erhält einen ruhigen Platz, der sich keinesfalls in der Nähe der Futter- oder Wasserplätze befinden soll. Katzen sind diesbezüglich pingelig. Das gilt auch, wenn der Standplatz dauernden Störungen ausgesetzt ist.

Oberstes Gebot ist die ständige Sauberkeit der Katzentoilette. Nutzen Sie ein Klumpspreu müssen die Klumpen (mehrmals) täglich entfernt werden.

Ein kompletter Austausch sollte dann spätestens alle vier Wochen durchgeführt werden. Zwischendurch müssen Sie die Spreumenge nur gelegentlich auffüllen.

Die Komplettreinigung der Katzentoilette sollte möglichst nur mit heißem Wasser erfolgen.

Stellen Sie den **Kratzbaum** an einem passenden Platz auf. Bei der Platzwahl sollten Sie Bedenken, dass Ihr Samtpfötchen sich hoffentlich viel darauf aufhalten wird. Es bietet sich also an, den Baum an gut einsehbarer Stelle aufzustellen, damit Sie Ihren Liebling beobachten können. Katzen lieben erhöhte Sitz- und Liegeplätze und strapazieren den Baum entsprechend. Achten Sie daher unbedingt auf Qualität. Ein höherer Anschaffungspreis macht sich auf jeden Fall bezahlt.

Schlaf- und **Kuschelplätze**, Decken, Körbchen oder ähnliches werden im Zoofachmarkt in allen Variationen angeboten. Platzieren Sie diese an erhöhter oder sonstiger Stelle mit gutem Überblick, wie Katzen ihn mögen. Auch warme Plätze werden besonders gut angenommen. In den meisten Fällen wird sich Ihre Katze den gewünschten Schlafplatz unabhängig von Ihren Vorgaben - selbst wählen. Machen Sie sich nichts daraus. Menschliche und kätzische Vorstellungen sind halt manchmal nicht ganz kompatibel.

Spielzeug sollten Sie an einer für die Katze unzugänglichen Stelle aufbewahren und ihr dieses zuteilen, damit es möglichst lange interessant bleibt. Wichtiger als die Art des Spielzeuges (hierzu später noch mehr) ist die Zeit, die Sie gemeinsam mit Ihrer Katze spielen.

Abschnitt III

Die Katze zieht ein

Da Sie nun endlich alle nötigen Vorbereitungen getroffen haben kann Ihre Katze endlich einziehen.

Wenn Sie ihr neues Familienmitglied abholen, vergessen Sie bitte nicht eine solide Transportbox mitzunehmen. Eine Katze ungesichert im Auto zu transportieren ist unverantwortlich. Schnell hat sich auch ein kleines Kätzchen aus Ihrem Griff befreit. Jetzt stellen Sie sich einmal vor, was der Katze und auch Ihnen geschieht, wenn die Kleine versehentlich in den vorderen Fußraum springt, Sie ablenkt oder gar unter die Pedale gerät.

Eine stabile Transportbox aus Kunststoff (sogenannter Kennel) bietet Ihnen und Ihrer Katze den notwendigen Schutz auf der Fahrt. - Bei der Auswahl sollten Sie übrigens darauf achten, dass der Kennel nicht nur seitlich, sondern möglichst auch oben geöffnet werden kann. Gerade bei etwas ängstlichen Katzen ist es – auch bei späteren Besuchen beim Tierarzt - eine große Hilfe wenn Sie die Katze einfach aus der Box herausheben können.

Viele Katzen lieben es nicht besonders, im Auto zu fahren und maunzen während der Fahrt recht jämmerlich. Sprechen Sie beruhigend mit dem Kätzchen. Decken Sie den Kennel gegebenenfalls mit einer Decke oder einem Handtuch ab, ein Schutz, der auch bei starkem Sonnenschein ein wenig hilft. Apropos Sonne; bei längerer Fahrt sollten Sie gerade im Sommer etwas Wasser für Ihre Katze im Fahrzeug haben.

Sie werden übrigens überrascht sein, sobald sie daheim angekommen sind ist meist von der kätzischen Nervosität beim Autofahren nicht mehr allzu viel zu merken.

Haben Sie Ihre Katze beim Züchter erworben, so wird dieser Ihnen das neue Kätzchen in vielen Fällen persönlich nach Hause bringen.

Das hat für Sie den Vorteil, dass Sie nicht fahren müssen, für den Züchter, dass er sich ein Bild von der neuen Umgebung der Katze machen kann und für die Katze, dass sie in den ersten Stunden in der neuen Umgebung eine bekannte Bezugsperson um sich hat, wodurch die Annäherung an ihre neuen Menschen und das neue Revier erheblich erleichtert wird.

Ankunft im neuen Revier

Endlich ist sie da. Sie haben lange gewartet, alles Nötige vorbereitet und sind sicherlich ziemlich aufgeregt.

Was Sie jetzt bei aller Vorfreude und Aufregung bitte nicht vergessen – Ihre neue Katze ist in diesem Moment mindestens genau so aufgeregt, wie Sie. Im Gegensatz zu Ihnen hat sie jedoch keinerlei Vorstellung, was auf sie zukommt. Autofahrt, neue Umgebung, neue Menschen und eventuell noch neue Mitkatzen (oder Hunde) sind für eine Katze zunächst einmal Stress pur.

Für Sie bedeutet dass: eine gewisse Zurückhaltung ist zunächst einmal angebracht. Machen Sie bitte nicht den Fehler, sich direkt auf die Katze zu stürzen, sie herum zu tragen, dauernd streicheln zu wollen. Die Katze sollte vielmehr die Gelegenheit bekommen ihr Revier in aller Ruhe und ohne Störungen erkunden können. Locken Sie sie, wenn sie gerade an Ihnen vorbei läuft, lassen Sie die Katze ihre Hand beschnuppern und ruhig weiterlaufen.

Das gilt natürlich auch für Ihre Kinder. Erklären Sie Kindern rechtzeitig, wie sie sich gegenüber dem neuen Freund verhalten sollen. Es dürfte selbstverständlich sein, dass die Katze nicht am Schwanz gezogen wird. Auch eine Hochheben am Kopf oder am Nackenfell sind keinesfalls erlaubt.

Wenn Sie ihre Katze hoch nehmen möchten, so fassen Sie am besten mit einer Hand von hinten zwischen die Vorderbeine, heben die Katze leicht an und stützen sie dann mit der zweiten Hand vor den Hinterbeinen oder am Po ab.

Üben Sie das Tragen auch mit ihren Kindern, damit diese im Umgang sicher werden.

Nachdem Sie Ihrem neuen Kätzchen zuerst ein wenig Zeit gegeben haben, sich in seinem neuen Wirkungskreis zurecht zu finden, sollten Sie ihm nun – falls es die Plätze nicht schon selbst entdeckt hat – die Katzentoilette und den Fressnapf zeigen. Der Zugang zur Katzentoilette muss der Katze selbstverständlich rund um die Uhr möglich sein.

Viele Neukatzenbesitzer lassen ihren Neuzugang zunächst einmal nur einen Raum erkunden und erweitern das neue Revier dann von Tag zu Tag um weitere Räume. Diese Vorgehensweise kann der Katze eine gewisse Sicherheit vermitteln, birgt allerdings meist auch den Nachteil, dass Näpfe und Katzentoilette nicht direkt dort platziert werden können, wo sie eigentlich stehen sollen.

Nach meinen eigenen Erfahrungen ist es – insbesondere wenn die erste Katze bei Ihnen einzieht - meist nicht nötig, den Bewegungsraum zu Beginn einzuschränken. Da Katzen von Natur aus neugierig sind, untersuchen sie die neue Wohnung recht schnell und „pirschen" munter und mit erhobenem Schwänzchen umher.

Ist bereits eine Katze im Haus, so können Sie beim Zugang eines jungen Kätzchens bedenkenlos wie oben beschrieben vorgehen. In meiner bisher fast 20jährigen Erfahrung als Katzenbesitzer und Züchter habe ich noch nie erlebt, dass es bei der Vergesellschaftung mit einer jungen Katze nennenswerte Schwierigkeiten gab.

Sofern ältere Katzen miteinander vergesellschaftet werden sollen, so ist – je nach Charakter und Temperament der Tiere – eine gewisse Vorsicht bei der Eingewöhnung ratsam.

Endlich eine Katze

Stellen Sie den Kennel mit der Katze zunächst an einen ruhigen Platz in der Wohnung und lassen Ihre Stammkatze(n) von sich aus Kontakt aufnehmen und sich an den Geruch „der Neuen" gewöhnen. Die Entscheidung, zu welchem Zeitpunkt ein Öffnen des Kennels möglich ist, treffen Sie in Abhängigkeit vom Verhalten der einzelnen Katzen. - Ihre Tiere kennen Sie selbst schließlich am besten.

Bleiben Sie vorsichtshalber bereit einzugreifen, sofern sich die Katzen aggressiv begegnen und „bösartig" auf einander los gehen sollten. Auch wenn es nicht häufig vorkommt, ausgeschlossen ist ein solcher Kampf zwischen sich fremden Katzen nie. Vorsicht übrigens, wenn Sie versuchen müssen die Streithähne zu trennen. Katzenbisse sind oft sehr schmerzhaft und führen schnell zu Blutvergiftungen.

Sind Sie sich unsicher oder vermuten Schwierigkeiten zwischen den Katzen, so bringen Sie die neue Katze wie oben beschrieben zunächst in einem separaten Raum unter. Bitte vergessen Sie nicht, Futter, Wasser und Katzentoilette hinzustellen. Geben Sie Ihren Katzen Zeit sich an die fremden Gerüche zu gewöhnen und bringen Sie die Katzen erst dann – unter Aufsicht - zusammen wenn diese dem jeweiligen Fremdling hinter der Tür (optimal wäre übrigens eine Glastüre, damit die Katzen sich auch sehen können) keine besondere Aufmerksamkeit mehr zollen.

Übrigens: Zu Ihrer neuen Katze gehört immer auch ein vom Tierarzt ausgestellter Impfpass, in den alle erhaltenen Impfungen eingetragen werden. Dieser kann in herkömmlicher Form oder als sogenannter EU-Heimtierausweis ausgestellt werden, wie er bei Reisen mit der Katze ins Ausland zwingend vorgeschrieben ist.

Zu Rassekatzen gehört darüber hinaus immer auch noch ein Stammbaum. Diese Ahnentafel beweist die Reinrassigkeit des Tieres und wird vom Zuchtverein, in dem der Züchter Mitglied ist, ausgestellt.

Tipps zur Eingewöhnung

Sie können die Eingewöhnungsphase bei allen ,,Neuzugängen" durch folgende Maßnahmen vereinfachen:

Behalten Sie die Gewohnheiten (Futtersorten, Fütterungszeiten, Spreusorte für die Katzentoilette etc.) des Vorbesitzers oder Züchters zunächst möglichst bei. Die Eingewöhnung ist bereits genug Stress für das Tier.

Änderungen lassen sich einfacher durchführen, wenn die Eingewöhnung erfolgreich abgeschlossen wurde.

Um den fremden Geruch Ihres Neuzugangs etwas abzumildern, können Sie dieses ein wenig einpudern oder z.B. mit einem Ihrer Kleidungsstücke, Pullover, Hemd, etc. abreiben.

Lassen Sie dem Neuzugang Zeit sich mit der neuen Umgebung vertraut zu machen. Ein ständiges ,,auf den Arm nehmen" und gar noch zwischen den Familienmitgliedern herumreichen geht über kurz oder lang jeder Katze auf die Nerven und kann dann – wie eben erwähnt - schnell Abwehr- oder Angstreaktionen hervorrufen.

Sofern Sie bereits eine Katze besitzen, sollten Sie ihr keine Gelegenheit zur Eifersucht auf den Neuankömmling bieten. Kümmern Sie sich in der Eingewöhnungsphase besonders intensiv und liebevoll um bereits vorhandene Tiere.

Kleinere Streitereien zwischen Ihren Katzen, sollten diese allein austragen. Sie gehören zum Kennenlernen und sind auch notwendig um die Rangordnung ,,neu" festzulegen. Nur wenn es nicht bei kleineren Streitereien bleibt, sondern richtige Kämpfe mit Verletzungen etc. ausgetragen werden, sollten Sie eingreifen. Gleiches gilt, wenn eine der Katzen auffällige Verhaltensweisen, wie z.B. Unsauberkeit, an den Tag legt.

Soll Ihre Katze Freigang erhalten, sollten Sie sie trotzdem in der ersten Zeit, mindestens 4-6 Wochen lang, besser noch länger, nur in der Wohnung halten. Sie braucht diese Zeit um sich an die neue Umgebung und auch die neuen Menschen zu gewöhnen.

Sind bereits Katzen im Haus, kann es hilfreich sein, mit der Ankunft der "Neuen", gleichzeitig einige Änderungen in der Möblierung - einfach etwas umstellen reicht oft - vorzunehmen. Durch die Änderung des bisherigen Reviers und die damit verbundene "Neueinteilung" werden neue Mitbewohner oft schneller akzeptiert.

Wichtig ist auch, sofern Sie mehrere Katzen besitzen, genug Katzentoiletten im Haus zu haben. Optimal wäre eine Toilettenschüssel pro Katze.

Fragen Sie den Vorbesitzer (Tierheim, Züchter etc.) unbedingt auch welche Art von Katzentoilette Ihr Neuzugang gewöhnt ist. Ich habe bereits erlebt, das Katzen statt die Katzentoilette zu benutzen an anderer Stelle ihr Geschäft verrichtet haben, weil die neumodische Toilette - mit Klappe davor - ihnen Angst gemacht hatte. Nach Entfernung der Klappe wurde die Toilette dann anstandslos genutzt.

Erziehung muss sein

Eine Katze ist kein Hund. Sie ist kein Rudeltier, das in einer strengen Hierarchie lebt sich einem „Leittier" unterordnet und somit den Menschen als Alphatier akzeptiert.

„Also schwer erziehbar," werden Sie jetzt denken. Nun ganz so ist es natürlich nicht. Katzen haben zwar ihren eigenen Kopf, das ist ja schließlich der Grund weshalb sie uns so gut gefallen, lassen sich jedoch durchaus erziehen. Sie sind neugierig und sie sind intelligent, Eigenschaft, die Sie sich bei der Erziehung zu nutze machen können.

Katzen werden in den ersten Lebenswochen sozialisiert und geprägt. Die Erziehung der Katze erfolgt in den ersten Wochen durch die Mutterkatze und den Umgang, das Spiel mit den Geschwistern.

Mit dem Einzug bei Ihnen sind Sie und die übrigen Haushaltsmitglieder Mutter- und Geschwister, Lehrmeister und Spielkamerad zugleich. Am leichtesten ist die Erziehung während der ersten sechs Lebensmonate.

Die Katzenerziehung setzt zunächst einmal voraus, das alle an einem Strang ziehen. Was bei einem Familienmitglied verboten ist, darf nicht vom nächsten erlaubt (oder ignoriert) werden.

Das Erziehungsmittel der Wahl ist die positive Verstärkung erwünschter Verhaltensweisen. Macht Ihre Katze das, was von ihr erwartet wird, so loben und streicheln Sie sie. Manche Katzen reagieren auch auf Leckerchen positiv.

Hilfreich ist es, wenn die Katze auf ihren Namen reagiert. Sprechen Sie sie daher möglichst oft mit dem Namen an und verbinden dies mit etwas Positivem. Müssen Sie mit ihrer Katze schimpfen, so sollte der Name dabei nicht verwendet werden. Ein lautes und deutliches „NEIN!" macht der Katze verständlich, das es so nicht geht.

Sie müssen Ihrer Katze noch beibringen, die Katzentoilette zu benutzen? Das sollte kein Problem darstellen. Katzen sind von Natur aus sehr auf Reinlichkeit bedacht. Setzen Sie das Tierchen ins Kistchen und zeigen Sie ihm durch leichtes Scharren mit dem Vorderbeinchen das hier der richtige Platz ist. - Loben nicht vergessen.

Sie möchten nicht, dass Ihre Katze auf den Tisch springt? Auch hier sollten Sie sobald das Tier anstalten zum Sprung oder Klettern macht, deutlich „Nein" sagen und die Katze gegebenenfalls direkt wieder vom Tisch herunter heben. .. Und das natürlich nicht nur einmal, sondern jedes Mal wenn sie es wieder versuchen sollte.

Überlegen Sie sich bereits zu Beginn des Zusammenlebens was Ihre Katze darf und was nicht und bleiben sie konsequent bei der einmal eingeschlagenen Richtung. Wer die ersten Tage mit ins Bett darf, bis Sie merken, dass sie mit einer nachts munter umherhüpfenden Katze nicht gut schlafen können, der wird nicht verstehen, wenn das weiche Nachtlager plötzlich tabu ist.

Nun können Sie vielleicht die Katze aussperren und würden dann auch wieder besser schlafen, wenn nicht Ihr Stubentiger auf die Idee käme an der geschlossenen Tür zu kratzen... .

Wäre das Schlafzimmer in diesem Beispiel von Anfang an verbotenes Terrain gewesen, gäbe es wohl kein Problem. Katzen akzeptieren als reviergebundene Tiere durchaus, dass manche Räume eben nicht zu ihrem Revier gehören.

Will Ihre Katze trotz zahlreicher Versuche einfach nicht verstehen, dass ein bestimmtes Verhalten unerwünscht ist, so können Sie ihr spielerisch mit dem Finger einen leichten Nasenstüber geben oder sie leicht Anpusten.

Absolutes „NO GO" in der Erziehung sind Schläge oder Tritte, doch das sollte sich eigentlich von selbst verstehen.

Ernährung der Katze

Die Ernährung von Katzen ist doch eigentlich gar kein Thema mehr, oder?

Die Zeiten, als unsere Katzen noch mühsam bekocht werden oder – was ganz sicher nicht besonders gesund war – von Tischabfällen leben mussten, sind lange vorbei.

Welches Futter wir an unsere Lieblinge verfüttern sollen, wird uns durch die Werbung im Fernsehen, in Zeitschriften und Magazinen doch recht deutlich vor Augen geführt und schließlich gibt es dann ja auch in jeder Zoohandlung, im Supermarkt und auf Ausstellungen jede Menge dieser Fertigfuttersorten, die als sogenannte Alleinfuttermittel all das enthalten, was die gesunde, muntere und spielfreudige Katze benötigt um ein langes zufriedenes Leben bei ihrem Besitzer zu führen.

Die Qual der Wahl haben wir da allenfalls noch unter den vielen Marken und Geschmackssorten für unsere Stubentiger oder bei der Frage, ob wir Dosenfutter oder vielleicht doch besser Trockenfutter nehmen sollen.

Ob allerdings die angepriesene Katzennahrung das hält, was die vollmundigen Versprechungen der Tierfuttermittelhersteller uns weismachen wollen, steht manchmal auf einem ganz anderen Blatt.

Nahrungsbedürfnisse

Unsere Katzen sind „Raubtiere" - und gehören zu den Carnivoren (zu den Fleischfressern).

Auch wenn sie sich im Laufe der Jahre an das Leben mit dem Menschen angepasst haben und durchaus auch andere Dinge gefressen werden, so sollte bei der Ernährung unserer Lieblinge dieser einfache und grundlegende Satz nicht vergessen werden.

Die Nahrung wildlebender Katzen besteht zum überwiegenden Teil aus kleineren und mittleren Beutetieren. Zwar variiert die Nahrung logischerweise, je nachdem, in welcher Region der Welt die Katze lebt, doch finden sich bei Untersuchungen wild lebender Katzenpopulationen nahezu ähnliche Mageninhalte wie Mäuse, Ratten, Insekten, kleine Echsen, kleinere Vögel, etc.

Mit diesen Beutetieren nehmen kleinere Katzen gelegentlich auch deren Mageninhalt mit auf, der unter anderem aus Pflanzenbestandteilen besteht. Diese beinhalten sogenannte Kohlehydrate, die neben Fett und Eiweiß grundsätzlich zu den Energielieferanten unter den Nährstoffen gehören.

Großkatzen wie z.B. Löwen hingegen, lassen die Eingeweide in der Regel liegen (*Krafft/Dürr; Klinische Diätetik für Hund und Katze, Kap. 4*).

Die Nahrung einer Katze muss so beschaffen sein, das die Energie, die das Tier zum Leben benötigt, zur Verfügung steht.

Diese Energie steckt in den chemischen Bausteinen der Nahrung (insbesondere in Eiweiß und Fett) und wird durch einen Verbrennungsprozess freigesetzt.

Grundsätzlich lassen sich die Nährstoffe in zwei Gruppen einteilen:

Bau- und Wirkstoffe werden für die Bildung neuer Zellen, die Steuerung des Stoffwechsels und die Bildung von Hormonen und Enzymen im Körper der Katze benötigt.

Energielieferanten stellen die benötigte Energie für die Körperfunktionen zur Verfügung.

Im Einzelnen dienen die in der Nahrung enthaltenen Nährstoffe u.a. zur

Bildung der Bausteine aller Körpersubstanzen
Förderung und Steuerung chemischer Reaktionen im Körper
Regelung der Körpertemperatur
Energielieferung
Beeinflussung des Geschmacks und somit auch der Nahrungsaufnahme

Ballaststoffe

Darüber hinaus finden sich in der Katzennahrung noch sogenannte Ballaststoffe. Ballaststoffe (Rohfaser) fördern die Darmbewegung und damit die Verdauung. Ballaststoffe sind unlösliche, also unverdauliche Kohlehydrate. Hierzu gehören Zellulose, Pflanzenkleber etc.

Hohe Rohfaseranteile in Tiernahrung werden in Reduktionsdiäten, d.h. wenn die Katze abnehmen soll, eingesetzt.

Ausgewogen ist wichtig!

Die Nahrung von Katzen muss ausgewogen sein. Sowohl zu viel als auch zu wenig der einzelnen Bestandteile ist schädlich, da Mangelerscheinungen und sogar Vergiftungen die Folge sein können.

Neben der Menge ist auch das Verhältnis der einzelnen Stoffe zueinander von Bedeutung. So stehen zum Beispiel Kalzium und Phosphor in direkter Verbindung zueinander.

Der Brennwert (Energiekonzentration) der einzelnen Bestandteile, wie auch der Gesamtnahrung wird in Kilojoule (kJ) gemessen.

Fett hat mit etwa 39 kJ je Gramm den höchsten Brennwert. Eiweiße haben einen Brennwert von etwa 24 kJ, Kohlehydrate von 17 kJ je Gramm.

Mangelerscheinungen entstehen insbesondere bei nicht artgerechter Fütterung von Katzen z.B. durch Tischreste oder wenn die für die Katz´ gekochte Mahlzeit nicht richtig zusammengestellt wurde.

Die Möglichkeit von Vergiftungen, insbesondere Vitamin-A-Vergiftung ist grundsätzlich nicht auszuschließen. Hierzu kann es bei gerade durch die gut gemeinte Zufütterung von Vitamin-Präparaten etc. kommen. Auch enthalten manche Allein-futtermittel recht hohe Vitamin-A-Dosen.

Darüber hinaus soll die Nahrung ausreichende Eiweiß- und Fettmengen und hier insbesondere tierische Eiweiße und Fette enthalten, da bestimmte, lebenswichtige Bestandteile der Katzenernährung nur aus tierischem Eiweißen „gewonnen" werden können. Dies ist auch einer der Gründe, aus dem eine vegetarische Ernährung von Katzen strikt abzulehnen ist.

Eine reine Fleischernährung ist ebenfalls nicht anzuraten, da dieses nicht genug Kalzium enthält, was zu Fehlern im Skelettaufbau der Katze und zu Knochenbrüchen führen kann. Leber enthält sehr viel Vitamin A und kann bei einer übermäßigen Fütterung zu Vergiftungen führen und rohes Fleisch kann zur Übertragung von Parasiten und Bakterien wie zum Beispiel Salmonellen sowie auch zu Viruserkrankungen wie der tödlich endenden Aujeszkyschen Krankheit führen.

Bei Fütterung mit Katzenfertignahrung sind diese Probleme zwar so gut wie ausgeschlossen, wer sicher gehen will, sollte allerdings die Futtermarke und –sorte häufiger wechseln, um etwaige Mängel einzelner Produkte auszugleichen.

Auch ist es ratsam hochwertige Fertigprodukte zu nutzen und der Katze zumindest gelegentlich "natürliche Nahrung" anzubieten (hier bieten sich zum Beispiel Eintagsküken an, die recht günstig zu bekommen sind und die Sie im Internet sogar gewolft bekommen können).

Im Übrigen wird durch regelmäßigen Wechsel der Futterart oder -sorte die Prägung auf ein bestimmtes Futter vermieden, was den Vorteil bietet, dass Schwierigkeiten vermieden werden, wenn der Hersteller seine Rezeptur wieder einmal "verbessert".

Allerdings: Wer genügend Zeit und Lust hat, sich das entsprechende Wissen über die Zubereitung artgemäßer Katzennahrung anzueignen, der kann seiner Katze ein ansprechendes Katzenmenü selbst zusammenstellen und bietet damit seinem Stubentiger - in Verbindung mit Biologisch artgerechter Rohfütterung (BARF) sicherlich die beste Möglichkeit.

Weitere Infos zur Ernährung der Katze finden Sie auch unter:

welt-der-katzen.de/katzenhaltung/haltung/ernaehrung/ernaehrung.html

Kätzisches Verhalten

In der Katzenhaltung sind ethologische Kenntnisse hilfreich, um beurteilen zu können, ob unsere "Hausgenossen" eine katzengerechte Umgebung vorfinden. Diese Überlegungen sind wiederum Voraussetzung dafür, die kätzische Umwelt gegebenenfalls artgerecht gestalten zu können.

Nur bei artgerechter Umwelt ist weitestgehend sichergestellt, dass die Katze die Verhaltensweisen zeigt, die als "normal" betrachtet werden und vom Tierhalter erwünscht sind.

Besteht eine Störung zwischen der Katze und ihrer Umwelt, so äußert sich dies schnell im sogenannten Konfliktverhalten, d.h. aus menschlicher Sicht in Verhaltensauffälligkeiten oder -störungen.

Beschäftigen wir uns also im Folgenden mit dem Verhalten der Katze.

Lautgebung der Katze

Die akustische Verständigung der Katze, die Lautgebung wurde bisher nur ansatzweise untersucht. Fest steht, das es bestimmte Typen von Lauten gibt, die unsere Hauskatzen "von sich geben" und die sich je nach Alter des Tieres und natürlich auch situationsabhängig ändern.

Folgende Lauttypen lassen sich unterscheiden:

Ruflaut des neugeborenen Katzenbabys

Ein fiependes Geräusch, das die kleine Katze mit geöffnetem Mäulchen ausstößt. Auftreten direkt nach der Geburt bis etwa 6 Wochen, wird hauptsächlich bei mangelnder Wärme oder wenn die kleine Katze aus dem Nest genommen wird ausgestoßen (auch bei Hunger). Je aufgeregter das Jungtier ist, desto kürzer sind die Rufpausen. Der Laut führt i.d.R. zur Rückkehr der Mutter, die das Baby dann zurück ins Nest bringt, es füttert oder wärmt.

Miauen, Maunzen

Laut, den Katzen etwa ab der 6. Lebenswoche beherrschen. Er wird in verschiedenen Situationen genutzt um sich dem Artgenossen und auch dem Menschen mitzuteilen. Unsere Katzen maunzen z.B. wenn sie Hunger haben, ihnen etwas nicht passt u.s.w.

Mit ein bisschen Übung lassen sich die verschiedenen Arten, sprich Tonlagen der Maunzer ganz gut deuten. (Wahrscheinlich würden unsere Katzen behaupten, wir verstehen es meistens falsch ;-))

Jaulen

an Babygeschrei erinnernde Laute (Tonfolge), die von paarungswilligen Katzen beiderlei Geschlechts ausgestoßen werden um Geschlechtspartner anzulocken. Bei der männlichen Katze gipfelt er im sogenannten Katergesang, der ähnlich allerdings auch bei Angriffen zwischen Katern ausgestoßen wird.

Gurren

ist neben dem Maunzen der häufigste Laut bei Katzen. Wird bei geschlossenem Maul ausgestoßen. Dient der Kommunikation auf kurze Entfernungen (Nahkontaktlaut) und wird häufig in Verbindung mit körperlichem Kontakt, Köpfchen geben, entlangstreichen an anderer Katze sowie beim Sexualverhalten ausgestoßen.

Schnurren, Spinnen

Der Sinn des Schnurrens ist umstritten. Es wird bereits ab dem 6. Lebenstag einer Jungkatze ausgestoßen, wobei das Maul nicht geöffnet wird. Allgemein wird es als Wohlfühlen der Katze interpretiert, auch als Beschwichtigung anderer Katzen und Selbstberuhigung.

Wie jüngere US-Untersuchungen ergeben haben, erzeugen Katzen beim Schnurren Vibrationen in einem Frequenzbereich zwischen 27 und 44 Hz. Diese Vibrationen sollen dazu führen, dass unter anderem das Wachstum und die Heilung von Knochen beschleunigt werden.

Wie schafft die Katze es aber, diesen Schnurrlaut, den jeder Katzenbesitzer kennt, zu erzeugen und ihn stundenlang aufrecht zu erhalten?

Kleinkatzen, zu denen ja auch unsere Hauskatzen gehören, beherrschen im Gegensatz zu ihren großen Verwandten, das "Zwei-Wege-Schnurren". Sie Schnurren sowohl beim Einatmen, als auch beim Ausatmen.

Es gibt zwei Erklärungsversuche bezüglich der Entstehung des Schnurrens:

1. Katzen besitzen neben den eigentlichen Stimmbändern ein weiteres Paar sogenannte "falsche Stimmbänder". Der Theorie nach erzeugt der Luftstrom, den die Katze beim Atmen an diesen falschen Stimmbändern vorbei lenken kann - in Verbindung mit einem Zusammenziehen des Kehlkopfmuskels - den Schnurrlaut.

2. Unter bestimmten Umständen verstärkt sich der Strom des zum Herzen der Katze fließenden Blutes. - Es kommt zu "Blutturbulenzen" Am stärksten tritt dieser Effekt im Brustraum der Katze auf, da hier die Hauptvene durch den verstärkten Blutfluss zusammengedrückt wird. Das Blut, das durch diesen Engpass fließt, soll - dieser Theorie nach - in Verbindung mit einer Verstärkung des Flussgeräusches durch das Zwerchfell der Katze das typische Schnurrgeräusch verursachen. Das Geräusch wird dabei durch die Nebenhöhlen als Resonanzkörper verstärkt.

Knurren

Warnlaut bei jungen und erwachsenen Katzen.

Fauchen

dient als Abwehrlaut bei Kämpfen wird auch bei plötzlichem Erschrecken ausgestoßen.

Spucken

stimmloser Laut, der ängstliche Erregung der Katze ausdrückt.

Schlagen

Angriffslaut, der in einem kurzen und Lauten Kreischen endet, das zum Ende hin überbetont wird.

Schnatten / Keckern

Lautfolge, die häufig beobachtet, d.h. natürlich gehört werden kann, wenn die Katze ein Beutetier sieht, das sie jedoch nicht oder nicht sofort erreichen kann (z.B. hinter einer Glasscheibe).

Wird dem sogenannten Übersprungverhalten zugeordnet.

Infraschalllaute

Tiger sind in der Lage einen tiefen, für das menschliche Ohr unhörbaren Infraschallton abzugeben, ein besonders tiefes Knurren sozusagen, mit dem sie noch in einer Entfernung von 8 Kilometern von Artgenossen wahrgenommen werden, ihnen somit signalisieren:
"Hier bin ich! Dies ist mein Revier!"

Durch Untersuchungen will die Wissenschaft herausfinden, ob diese Laute als eine Art "akustischer Fingerabdruck" und damit zur einwandfreien Identifizierung einzelner Tiere genutzt werden kann.

Körpersprache der Katze

Neben den unterschiedlichen Lauten nutzt die Katze auch die Möglichkeiten der Körpersprache zur Kommunikation. Wenn Sie ihre Katze verstehen möchten, ist es daher ratsam auf die kleinen Stimmungszeichen Ihrer Katze zu achten.

Die Körpersprache setzt sich aus Körperhaltung, Gestik und Mimik zusammen.

Der sprichwörtliche Katzenbuckel ist ein deutliches Anzeichen, dass Ihre Katze sich bedroht fühlt. Er ist eine Mischung aus Angriffshaltung, die Katze macht sich steif und richtet sich auf und Angstreaktion in der der Rücken nach oben durchgebogen wird. Indem die Katze gleichzeitig ihr Fell sträubt, das Schwanzfell „aufplustert" und sich darüber hinaus quer zum Angreifer stellt, versucht sie besonders furchteinflößend und abschreckend auf ihre Gegner zu wirken, eine Strategie die vielfach einen Kampf vermeiden hilft.

Die meisten körperlichen Stimmungszeichen der Katze sind allerdings weitaus subtiler.

Eine Katze, die sich wohlfühlt, wird entspannt auf dem Sessel oder der Couch liegen, die Augenlider halb geschlossen und die Öhrchen leicht nach vorn gerichtet halten.

Blinzelt die Katze, so ist dies mit einem Lächeln des Menschen vergleichbar und dient der freundlichen Kontaktaufnahme oder auch der Beschwichtigung des Gegenübers, nach dem Motto „Ich tu` Dir nichts". Auch das Anstupsen mit dem Köpfchen oder das Streichen um die Beine des Menschen dient der Kontaktaufnahme. Hierbei wird gleichzeitig ein Familienmitglied markiert (siehe auch unter Chemokommunikation).

Anstarren ist unhöflich und eine Drohung. Mit verkleinerten Pupillen zeigt es, dass die Katze angriffsbereit ist. Anstarren mit geweiteten Pupillen deutet auf Angst und Abwehr hin.

Zum „Spiel der Augen" kann der aufmerksame Beobachter feststellen, dass die Öhrchen in verschiedenen Stellungen gehalten werden.

Ist alles in Ordnung, hält die Katze die Ohren leicht nach vorn gerichtet. Deutlich nach vorn gerichtete Öhrchen zeigen gespannte Aufmerksamkeit an.

Schlägt die Stimmung der Katze um, so dreht sie die Ohren seitwärts und zeigt damit Unsicherheit an. Muss sie sich anschließend in Angriffshaltung bringen, so wird sie die Ohren flach anlegen.

Der Schwanz der Katze signalisiert ebenfalls in vielen Fällen ihre Stimmung.

Stolziert die Katze mit aufgerichtetem Schwanz umher, so zeigt dies Entspannung und / oder Neugier an. Auch bei der Begrüßung von Katze oder Mensch wird der Schwanz hoch erhoben getragen.

Ein zwischen den Hinterbeinen eingeklemmter Schwanz stellt eine Unterwerfungsgeste dar. Wedelt die Katze, so ist – im Gegensatz zum Hund – Vorsicht angebracht. Unsicherheit, Unwilligkeit und auch Erregung und Ärger werden – je nach Stärke der Schwanzbewegung - demonstriert.

Endlich eine Katze

Chemokommunikation

eine besondere Art der Verständigung

Lebewesen, die in Gruppen oder Familienverbänden zusammen-leben, müssen sich miteinander verständigen. Auch für sogenannte "Einzelgänger", zu denen die meisten Arten der heute lebenden Katzen gezählt werden, besteht eine Notwendigkeit miteinander kommunizieren zu können.

Ohne Kommunikation wäre es kaum denkbar, das die Mutterkatze von ihren streunenden Jungen wiedergefunden wird, das der Kater - lange bevor der über gewisse Kommunikations-möglichkeiten nicht verfügende Mensch etwas merkt - weiß, das seine Gefährtin rollig und somit bereit ist zur Fortpflanzung oder auch das Löwinnen gemeinsam auf die Jagd gehen.

Unter Kommunikation, besser Biokommunikation, versteht man den Informationsaustausch, d.h. die Übertragung von Signalen zwischen zwei oder mehreren Organismen.

Als Möglichkeiten der (Bio-)Kommunikation stehen mehrere Verfahren zur Auswahl, die alle über gewisse Vor- und auch Nachteile verfügen.

Neben den auch vom Menschen bewusst eingesetzten Verfahren der optischen Kommunikation (Wahrnehmung von Farbe und Formen, Gestik und Mimik) und akustischen Kommunikation (Wahrnehmung von Lauten, vgl. Kapitel Lautgebung der Katze), gibt es noch drei weitere Kommunikationsverfahren, nämlich die chemische, die thermische und die taktile Biokommunikation.

Zu Wahrnehmungen der drei letztgenannten Signale ist der Mensch nur bedingt (und oft unbewusst) fähig. Für die zumeist nachtaktive Katze gehören Signale dieser Art, da sie auch bei Dunkelheit wahrgenommen werden, zu den wichtigen Informationsquellen.

Katzen bedienen sich neben der anderen Biokommunikations-möglichkeiten in starkem Maße auch der sogenannten Chemokommunikation. Zur Chemokommunikation werden chemische Substanzen eingesetzt. Dies sind entweder Stoffwechselprodukte, wie Schweiß, Urin oder Kot oder auch in speziellen Drüsen gebildete Pheromone.

Die bekannteste Verhaltensweise, die in diesen Bereich gehört, ist das "Köpfchen geben", d.h. das Reiben des Kopfes am menschlichen Betreuer, Artgenossen und Gegenständen. Hierdurch gibt die Katze zu verstehen, "Du gehörst zu mir", bzw. zu meinen "Familienmitgliedern" und in mein Territorium.

Katzen verfügen über derartige Duftdrüsen an zahlreichen Körperstellen. Alleine am Kopf der Katze sitzen die Drüsen an den Schläfen (Temporaldrüsen), unter dem Kinn und an der Unterlippe. Darüber hinaus jedoch auch entlang des Rückens, am Analbeutel, am Schwanz (Suprakaudaldrüsen) und an den Fußballen.

Über die ausgesendeten Düfte können Katzen zweifelsfrei feststellen, welches Geschlecht z.B. ein im Dunkeln angetroffener Artgenosse hat (Analkontrolle), wann etwa das andere Tier am Ort der gesetzten Duftmarke gewesen ist, ob ein etwaiger Geschlechtspartner paarungsbereit ist.

Darüber hinaus wird das Territorium einer Katze durch das Absetzen der Duftmarken (Markieren) abgegrenzt.

Die Katze nimmt die Düfte über sogenannte Chemorezeptoren, die sich in der Nase, an der Zunge und im Jakobson´schen Organ befinden, durch Schnuppern oder Flehmen auf.

Interessante Auswirkung der Chemokommunikation ist das Verhalten, das viele Katzen an den Tag legen, wenn sie gewisse Duftstoffe, wie z.B. der Katzenminze wahrnehmen.

Rauschmittel

Haben Sie das auch schon einmal erlebt? Ihre Katze riecht an etwas und flippt anschließend regelrecht aus? Sie befindet sich in einem Zustand völliger Hemmungslosigkeit, ist vollkommen anders als sonst?

"Schuld" an dieser Verhaltensweise sind oft ätherische Öle, wie sie z.B. in der **Katzenminze** enthalten sind. Katzenminze enthält ein Öl namens Hepetalactone. Dieses Öl wirkt auf Katzen ähnlich wie bestimmte Rauschmittel auf den Menschen Die Katze macht - um bei den Ausdrücken aus der Menschenwelt zu bleiben, einen etwa 10minütigen Trip, der zu den oben erwähnten, veränderten Verhaltensweisen führt. Allerdings, anders als bei "menschlichen Rauschmitteln" hat Katzenminze keinerlei schädliche Nebenwirkungen für das Tier.

Etwa bis zum 3. Lebensmonat meiden Katzen die nach ihnen benannte Minze vollkommen. Danach teilt sich die Katzenpopulation in zwei Gruppen. Auf die eine wirkt die Katzenminze in der beschriebenen Art, auf die andere Gruppe hat Katzenminze keinerlei Wirkung.

Woran die Unterschiede im Verhalten liegen ist bisher noch unklar. Sicher ist allerdings, dass keine Unterschiede zwischen weiblichen und männlichen Katzen bestehen. Auch die Potenz der Tiere hat hier keine Auswirkungen.

Interessant ist im Zusammenhang mit der Katzenminze weiter, dass ähnlich wie auch beim Baldrian unterschiedliche Wirkungsweisen bei äußerlicher oder innerlicher Anwendung von Katzenminze bestehen. Äußerlich, also der Duft wirkt es wie ein Aufputschmittel, während die Verabreichung in flüssiger Form (natürlich verdünnt!) eine beruhigende Wirkung hat.

Sozialverhalten

Katzen jagen allein. Wohl jeder hat bereits einmal eine Katze auf der Jagd durch eine Wiese streifen sehen. Vorsichtiges Vortasten auf der Jagd nach einer Maus beobachtet. Katzen sind hierbei allein. Mäusejagd im Rudel, wobei sich 8 Katzen an eine kleine Maus heranmachen, wäre wenig effektiv (und würde auch ein wenig lächerlich wirken ;)).

Viele Menschen schließen nun aus diesen Beobachtungen auf den Einzelgänger Katze und schaffen sich in der Folge (nur) eine Katze an. – Ein Trugschluss, denn tatsächlich beschränkt sich das typische Einzelgängerverhalten einer Katze auf dieses eine Beispiel – die Jagd!

Katzen bilden matriachalische Gruppen, die beispielsweise ein Lager teilen und sich bei der Aufzucht und Verteidigung ihrer Jungen unterstützen. Ein Kater kann in einer solchen Gruppe integriert sein.

Katzen haben also durchaus das Bedürfnis nach sozialen Kontakten. Hält der Mensch Katzen, so wird ein Teil dieses Bedürfnisses durch seine Beschäftigung mit der Katze abgedeckt. Ist menschliche Zuwendungszeit nicht ausreichend vorhanden, sollten auf jeden Fall zwei oder mehrere Katzen gehalten werden.

Wie stark das Bedürfnis nach sozialen Kontakten ausgeprägt ist, ist zwar individuell unterschiedlich, hängt jedoch im Wesentlichen von den Erfahrungen der Katze in der Sozialisierungsphase (den ersten zwei bis drei Lebensmonaten) ab.

Gemeint ist hier also nicht nur das Verhalten einzelner Katzen einer Gruppe zueinander, sondern auch das Verhalten gegenüber dem Menschen.

Wir wünschen uns zumeist eine aufgeschlossene Katze mit der wir kuscheln und spielen können, ohne dass wir durch ausgefahrene Krallen und Bisse verletzt werden. Auch soll unser Kätzchen nicht scheu unter dem Schrank verschwinden, sondern munter in der

Wohnung herumtollen (nicht zu doll natürlich, denn da könnte ja was "kaputtgehen" ;)).

Mehrere Katzen sollen sich miteinander beschäftigen, sich gegenseitig putzen und gemeinsam zusammengekuschelt "neue Streiche" erträumen.

Das Sozialverhalten von Katzen untereinander wird - in Haushalten mit mehreren Katzen - durch die Rangordnung der Tiere in der Gruppe bestimmt. Diese Rangordnung bildet sich z.B. durch Drohgebärden (Katzenbuckel) und Kampf, wobei letzterer nicht zwingend ein ernsthafter Kampf sein muss, sondern durchaus auch mit Pfotenhieb, Balgen, gegenseitigem Anfauchen etc. ausgetragen werden kann.

Die beim "Kampf" unterlegene Katze erkennt die Überlegenheit des dominierenden Tieres an und ordnet sich ein. Überraschender Weise sind es oft die Weibchen, die in einer Gruppe von Katzen das "Sagen" haben.

Die Wirkung der Rangordnung lässt sich beispielsweise bei der Auswahl bevorzugter Schlafplätze und der Reihenfolge des Fressens erkennen. Die Rangordnung ändert sich – mit den Umständen in der Katzengruppe, z.B. bei Mutterschaft einer Katze - von Zeit zu Zeit.

Bereits junge Katzen lernen spielerisch sich gegeneinander und gegenüber erwachsenen Mitkatzen zu behaupten.

Etwas anderes ist das Sozialverhalten gegenüber dem Menschen. Die Grundlage hierzu wird bereits in den ersten Lebenswochen einer Katze gelegt (Präge- oder Sozialisierungsphase). Katzen mit zahlreichen bzw. länger andauernden Kontakten zum Menschen sind diesem gegenüber weitaus aufgeschlossener und somit meist auch anschmiegsamer und schmusiger.

Viele Katzen zeigen gegenüber dem Menschen Verhaltensweisen, die aus ihrer Zeit als Jungkatzen herrühren. Sie kuscheln sich an und führen z.B. den typischen Milchtritt (Treteln) aus. Auch das Lutschen an Kleidungszipfeln etc. kann oftmals beobachtet werden.

Katzen, die bereits früh die verschiedenen Geräusche menschlicher Umgebung wie Türenschlagen, Haustürschelle, Staubsauger, lautes Reden, etc. kennengelernt haben, werden sich in ihrem künftigen Leben durch solche Geräusche kaum stören lassen. Katzen ohne diese Erfahrungen sind oftmals scheu und somit auch des Öfteren mal unter der besagten Couch zu finden.

Optimal wäre es auf jeden Fall, wenn die Katze mindestens **6 Stunden täglich** die Möglichkeit hat, Kontakte zu ihrem Menschen aufzunehmen.

Katzenspiele - Spielkatzen

Katzen spielen gerne. Sie üben dabei unter anderem das Anpirschen und den Fang einer imaginären Beute, was für ihre Entwicklung und zum Ausleben artspezifischer Verhaltensweisen wichtig ist. Das Spiel verschafft der Wohnungskatze darüber hinaus die erforderliche Bewegung.

Katzenspielzeug muss weder bunt noch teuer sein. Farben interessieren die Katze nicht besonders und nur weil ein Spielzeug teuer war, ist es bei Ihrer Katze noch lange nicht beliebt.

Wichtig ist insbesondere, dass sich das Spielzeug für Ihre Katze bewegt oder mit der Pfote bewegen lässt, dass es raschelt oder die Neugier der Katze weckt. Im Fachhandel gibt es zahlreiche verschiedene Arten von Fellmäusen mit denen viele Katzen gerne spielen. Auch Röhren in denen Bälle mit den Pfoten im Kreis bewegt werden können, kommen bei vielen Katzen gut an.

Oft sind die einfachen Spielmöglichkeiten die besten. Katzen können sich ausgiebig mit einem auf den Fliesen klackernden Steinchen, mit Wal- oder Haselnüssen, Papierkügelchen, leeren Toilettenpapierrollen, Holzkügelchen oder Papierschnitzeln beschäftigen. Auch Kartons oder Stofftaschen (ohne Henkel, wegen möglicher Strangulierungsgefahr) sowie hängende Bänder kommen meist sehr gut an.

Spielen Sie gemeinsam mit Ihrer Katze, so erhöht sich der Spielspaß auch für Ihre Katze erheblich. Meist gelingt es ohne große Schwierigkeiten, der Katze beizubringen das Nuss oder Papierkügelchen zurück gebracht werden müssen, damit das Spiel weitergehen kann. - Die Katze apportiert.

Als Spielzeug keinesfalls geeignet sind Plastiktüten (Erstickungsgefahr), Wollknäuel (bei Verschlucken von Teilen Gefahr von Darmverschluss), Kleinteile (Verschlucken) und liegende Bänder (Abschnüren von Gliedmaßen oder Strangulation).

Die oftmals als Katzenspielzeug angepriesenen Laserpointer sind meines Erachtens ebenfalls nicht geeignet, da der Lichtstrahl beim zufälligen Auftreffen im Auge zu schweren Verletzungen führen kann. Wenn es denn schon ein Laserpointer sein muss, dann bitte kein automatisches Gerät (die gibt es auch) und Kinder nie ohne Aufsicht damit spielen lassen.

Übrigens: Das beste Spielzeug für eine Katze ist … eine Katze.

Abschnitt IV

Ärger im Paradies

Verhaltensprobleme und Lösungsansätze

Normalverhalten

Das Verhalten der Katze ist naturgemäß von arttypischen, angeborenen sowie erlernten Verhaltensweisen geprägt. Es drückt die Beziehungen der Katze zu ihrer Umwelt aus, wobei diese Beziehung durch gegenseitige Informationen gesteuert wird.

Sichtbar wird das Verhalten einer Katze für uns Menschen hauptsächlich in ihrer Körperhaltung, der Mimik, in der Lautgebung, durch Miauen, Maunzen oder Schreien und auch in ihren Bewegungen.

Darüber hinaus für den Menschen oft nicht wahrnehmbar, äußert sich das Verhalten in der bereits erwähnten Chemo-kommunikation.

Bei der Beurteilung des Verhaltens ist der innere Zustand der Tiere wie z.B. Stress etc. zu berücksichtigen.

Verhaltensprobleme

Verhaltensprobleme entstehen oft aus Missverständnissen zwischen Mensch und Katze.

Unterschiede zwischen den Erwartungen, die der Mensch in die Katze setzt und deren Bedürfnissen können der Auslöser für Verunreinigungen des Lebensraums oder die plötzliche Aggression gegenüber Artgenossen sein.

Durch Störungen im Verhalten, sei es nun eine echte Störung oder für den Menschen vermeintliche Störung, wird die Beziehung der Katze zum Menschen oft auf eine harte Probe gestellt.

Verhaltensstörungen

Echte Störungen sind gegeben, wenn die Katze durch anormales (dann: krankhaftes) Verhalten sich selbst, ihren Sozialverband oder ihre Art schädigt. Derartige Verhaltensstörungen sind allerdings eher selten. Als Auslöser können Erbschäden, Krankheiten, unnatürliche Haltungsbedingungen u.ä. in Frage kommen.

Vermeintliche Störungen des Verhaltens (aus der Sicht des Menschen) sind Verhaltensweisen, die Katzen nun einmal an sich haben, die aber im Zusammenleben mit dem Menschen nicht toleriert werden - und zum Teil - auch nicht toleriert werden können. Hierzu zählt oft das Markieren, Kratzen an Möbeln etc.

Beide Arten von Problembereiche lassen sich grundsätzlich beheben, d.h. sie sind therapierbar.

Wichtig ist in jedem Fall:

* konsequentes Verhalten des Menschen

* das Wissen, das manche Probleme über einen langen Zeitraum hinweg "behandelt" werden müssen u n d

* nicht jede Therapie auch wirklich zum Erfolg führt;

Oftmals, insbesondere bei plötzlich auftretender Unsauberkeit der Katze, drückt diese "nur" aus , das sie mit einer Änderung der Lebensumstände (neue Möbel, umgestellte Einrichtung, neues Futter) nicht zufrieden ist, und es genügt gegebenenfalls, den alten Zustand wieder herzustellen.

Unsauberkeit

Es geschieht ohne Vorwarnung und oft ohne erkennbaren Grund. Plötzlich findet sich auf dem Fußboden ein nasser Fleck oder ein Kothäufchen. - Hat "Mieze" etwa den Weg zu Katzenklo nicht rechtzeitig gefunden? Na, kann ja mal passieren.

Das Malheur wird beseitigt und alles geht wieder seinen geregelten Gang, bis...

MIST!!

Jetzt hat "Mieze" ja schon wieder wo hingemacht. Was nun? Woran kann das liegen? Was machen wir denn jetzt?

Nun, zunächst einmal die Pfütze oder das Häufchen erneut beseitigen. Allerdings ist es damit nicht getan. Es heisst jetzt gezielt den möglichen Ursachen der Unsauberkeit auf den Grund zu gehen.

Als derartige Ursachen kommen grundsätzlich Markieren, Krankheit oder Protesthandlungen in Betracht.

Markieren

Am einfachsten auszuschließen ist oft die Möglichkeit des Markierens.

Sind Katze oder Kater kastriert, kann das zwar immer noch vorkommen, ist jedoch recht selten.

Markierende Katzen urinieren häufig kurz mit zitterndem Schwanz an Wände oder Einrichtungsgegenstände um ihr Revier abzugrenzen.

Bei unkastrierten Tieren hilft die Kastration oft, diese in der Wohnung unerwünschte Verhaltensweise abzustellen, in Extremfällen kann evtl. der Tierarzt mit einer hormonellen Behandlung weiterhelfen.

Krankheit

Auch Krankheiten können der Auslöser für Unsauberkeit sein. In Frage kommen hier namentlich Erkrankungen der Niere oder der Blase.

Ob eine solche vorliegt, kann nur ein Tierarzt sicher diagnostizieren und behandeln.

Nach erfolgreicher Behandlung der Erkrankung endet die Unsauberkeit von allein.

Derartige Krankheiten der Katze sind jedoch in den wenigsten Fällen der Auslösen von Unsauberkeit.

Protest

Weitaus häufiger sind die Fälle, in denen die Katze mit ihrem Verhalten deutlich machen will, das irgendetwas in ihrem Umfeld nicht (mehr) stimmt. - Man spricht daher auch von Protestverhalten oder Protestpinkeln.

Als Auslöser kommen zahlreiche Faktoren in Betracht:

- Änderungen im direkten Umfeld der Katze;
- Anschaffung einer neuen Katzentoilette (z.B. andere Art als die bisherige - jetzt mit Deckel oder Klappe), Wechsel der Streusorte, ungenügende Reinigung der Katzentoilette (mind. 1 x täglich, manchen Katzen reicht das aber nicht), Unruhe im Umfeld der Katze, Tod eines Spielkameraden, fühlt die Katze sich vernachlässigt?,
- Änderungen in Wohnung oder weiterer Umgebung der Katze;neue Wohnung, neue oder umgestellte Möbel, neue Geräusche (z.B. Baulärm in der Nachbarschaft) oder Gerüche, Einzug neuer Nachbarn (evtl. noch mit einer Katze?), darf die Katze aus irgendeinem Grund nicht mehr in der Garten etc.

- Änderungen bei der Bezugsperson der Katze; neuer Tagesablauf, z.B. wegen Arbeitsplatzwechsels, neue Lebenspartner oder Freunde der Bezugsperson, Familienzuwachs, Reise oder Krankheit der Bezugsperson, um nur einige zu nennen.

Manche dieser Möglichkeiten lassen sich, sofern sie als Auslöser erst einmal erkannt wurden, recht einfach abstellen (z.B. falsche Katzentoilette).

Bei anderen ist eine Änderung aus Sicht der Katze vielleicht wünschenswert, kommt aber schlichtweg nicht in Frage (z.B. Familienzuwachs).

Helfen können hier verschiedene Tricks, die sich vielfach die natürlichen Verhaltensweisen der Katze zu eigen machen.

-> Reinigen Sie die Stelle mit einem stark riechenden Mittel wie z.B. Orangenöl, auch Essigwasser kann helfen;

-> Beobachten Sie ihre Katze genau. Will sie sich an einen unerwünschten Ort nieder hocken, so schimpfen Sie mit ihr und setzen sie in die Toilette. Anschließendes Loben nicht vergessen;

-> Stellen Sie nachdem sie die Stelle ordentlich gereinigt haben eine gefüllte Futterschüssel auf, Katzen ziehen es vor ihre Ausscheidungen in größerer Entfernung zu verscharren;

-> Verwechselt ihre Katze Dusche, Badewanne etc. mit ihrer Toilette, lassen sie einfach ein wenig Wasser darin stehen;

-> Stellen Sie ein zusätzliches Katzenklo auf. Nutzt ihre Katze immer die gleiche falsche Stelle - und liegt diese nicht zufällig mitten im Wohnzimmer, so können sie das Katzenklo genau dort aufstellen;

-> In manchen Fällen hilft auch der Einsatz eines Pheromonsprays (Feliway);

-> Überlegen Sie, ob Sie die Katzentoilette vielleicht am falschen Ort aufgestellt haben. Er sollte möglichst störungsfrei sein. (Ihnen gefällt es schließlich auch nicht, wenn auf der Toilette dauernd jemand um Sie "herumspringt");

-> Die Katzentoilette sollte auch nicht im gleichen Raum stehen, wie die Futter- und Wasserschüssel;

-> Ist ihrer Katze "eingefallen" z.B. aufs Bett zu machen, so kann es helfen, wenn sie das Bett oder sonstigen Gegenstand mit einer Plastikfolie abdecken. Dort wird Ihr Kätzchen nicht mehr hin machen;

Noch ein Hinweis. Schimpfen nutzt nur dann etwas, wenn ein direkter zeitlicher Bezug zur "Untat" besteht. Wenn sie nach mehreren Stunden nach Hause kommen, das Malheur feststellen und dann lospoltern, weiß Ihre Katze ganz sicher nicht, worum es geht.

Und: Die Unsitte die Katze zu Bestrafen, sie gar mit der Nase in den Kot zu stupsen, ist nicht nur total schwachsinnig sondern führt eher zu Angst und kann das unerwünschte Verhalten ihrer Katze eher verstärken.

Weitere Katzeninfos

Sieben Leben hat die Katze

- wenn sie Pech hat -

... denn es könnten auch neun Leben sein

Dem deutschen Sprichwort zur Folge hat die Katze sieben Leben. Oder auch neun, wenn man lieber unseren britischen Nachbarn Glauben schenken will. Ob nun 9 oder doch "nur" 7 Leben, einig ist sich der Volksmund in einem... - Katzen sollen mehr als ein Leben haben.

Die Symbolik der 7 vereint die Zahl 3 der christlichen, "Heiligen Dreifaltigkeit" mit der 4 der "vier Elemente". Hier reihen sich die symbolischen 7 Leben der Katze in die - Erschaffung der Welt in 7 Tagen, - die 7 Tugenden, - die 7 Todsünden und die 7 Sakramente der katholischen Kirche (die Reihe lässt sich fast beliebig fortsetzen) ein.

Die 9 symbolisiert das Göttliche beispielsweise bei den Kelten. Bei ihnen steckte in der Neun das ganze Universum. Drei mal die - göttliche Zahl - Drei ergab für die Kelten etwas Absolutes. Des weiteren ist in der Neun die 5 als Zahl für Zeit und Raum sowie die 4, die Zahl der Himmelsrichtungen vereint. Aber auch als diabolisches Zeichen wurde die 9 zeitweise gesehen.

Beide Kulturkreise gestehen der Katze also mystische Eigenheiten zu, die durch die Anzahl zusätzlicher Leben ausgedrückt werden.

Nun ist es natürlich so, dass uns mit unserem heutigen Wissen durchaus klar ist, dass Katzen, wie auch alle anderen Lebewesen, tatsächlich nur ein Leben besitzen. Fakt ist jedoch auch, das die mystischen Eigenschaft, mehrere Leben zu besitzen, den Katzen nicht von ungefähr zugeschrieben wird. - Denn Katzen besitzen tatsächlich mehrere Eigenschaften, die sie in Situationen überleben lassen, die den meisten anderen Tieren den Tod bringen würden.

Zunächst einmal besitzen Katzen den sogenannten Stellreflex. Dieser Reflex bewirkt, dass eine Katze, die aus großer Höhe stürzt, sich automatisch dreht und dadurch in die richtige Landeposition bringt.

Außerdem verfügt das Katzenskelett über eine nahezu perfekte Federung, die zusammen mit der flexiblen Wirbelsäule, gepolsterten Pfoten und dehnbaren Gelenken die Möglichkeit eröffnet, im Falle eines Sturzes die Aufprallenergie zu absorbieren.

Zusammengenommen bedeutet dies, dass Katzen bei einem Sturz aus größerer Höhe (etwa ab der 7. Etage eines Gebäudes) oft kaum oder gar unverletzt landen können.

Wissenschaftlichen Untersuchungen zur Folge spielt es ab der genannten Höhe übrigens keine Rolle mehr, ob der Sturz aus der 7. oder der 28. Etage stattfindet. Die maximale Fallgeschwindigkeit von etwa 80 km/h wird nämlich bereits nach etwa 30 Metern Höhe erreicht.

Dass trotz Stellreflex und Federung bei niedrigerer Höhe die Zahl der Verletzungen und auch tödlichen Abstürze erheblich steigt, liegt übrigens daran, dass der Katze in diesen Fällen nicht genügend Zeit bleibt um die erforderliche Körperdrehung zu vollenden.

Wir alle wissen, dass Katzen in früherer Zeit als Gefährten von Hexen und Zauberern galten. Hexen konnten sich angeblich gar in Katzen verwandeln. Um nun diese satanischen Wesen zu vernichten, wurden sie beispielsweise von Kirchtürmen geworfen um sich ihrer zu entledigen.

Wie gefährlich muss dieses Tier daher dem abergläubischen Menschen erschienen sein, wenn es nach einem solchen Sturz unverletzt entschwand.

Einzige Erklärung zu damaliger Zeit: Die Katze hat mehrere Leben .. und in Verbindung mit der Symbolik der Zahlen wurden daraus je nach Kulturkreis 9 (oder im schlechteren, deutschen Fall: halt "nur" 7) Leben.

Lebenserwartung der Katze

Die Lebenserwartung von Katzen ist wesentlich davon abhängig, ob diese als freilaufende Population oder unter menschlicher Obhut - zumeist in der Wohnung und ohne, oder nur gelegentlich mit Auslauf leben.

In diesem Zusammenhang spielen auch verschiedene äußere Faktoren wie Erb- und/oder Erbumwelterkrankungen sowie Faktoren wie Haltung, Ernährung, Infektionskrankheiten und Impfungen eine nicht unbedeutende Rolle.

Während im Haus lebende Katzen bei guter Pflege in schöner Regelmäßigkeit ein Alter von etwa 12-15 Jahren erreichen und auch Lebensalter von mehr als 20 Jahren bekannt sind, ist die Lebenserwartung freilaufender Katzenpopulationen (hier fehlt es zumeist auch an menschlicher Zuwendung und medizinischer Betreuung) erschreckend gering.

Recht eindrucksvoll wird dies durch Untersuchungen belegt, die in den 80´er Jahren des letzten Jahrhunderts durch Liberg (1980) in einem ländlichen Gebiet Schwedens, sowie Legay / Pontier (1983) in der französischen Stadt Lyon durchgeführt wurden.

Die durchschnittliche Lebenserwartung der Katze lag bei den männlichen Tieren zwischen 1,4 und 3,2 Jahren und bei den weiblichen Tieren bei 3,3 bzw. 4,2 Jahren.

Keiner der 74 Kater im ländlichen Schweden erreichte ein Alter von mehr als 3 Jahren. Auch von den 244 Katern der Population in Lyon wurden nur gut ein Drittel (~36,5 %) der Tiere älter als 3 Jahre. Bereits das 4. Lebensjahr konnten weitere 9,3 % der Tiere nicht mehr erleben.

Bei den Weibchen waren die Zahlen zwar nicht ganz so krass, aber noch immer erschreckend.

In Schweden erreichten gerade einmal 28 % der insgesamt 154 weiblichen Katzen, in Lyon 52,1 % der 295 Katzen ein Alter von mehr als 3 Jahren.

Diese Zahlen sind doch ein starkes Argument dafür, den geliebten Stubentiger - soweit möglich - in Haus und Wohnung zu halten, nicht wahr?

Wohlgemerkt: Das bedeutet natürlich nicht, dass eine - unter menschlicher "Fürsorge" - lebende Katze in Freilaufhaltung nicht älter werden kann oder wird. Sie ist allerdings stärker gefährdet, als eine Katze in reiner Wohnungshaltung.

Soll eine Katze nun also Freilauf erhalten? Oder bleibt sie doch besser nur in der geschützten Wohnung? Kann eine Katze ohne Freilauf überhaupt artgerecht gehalten werden?

Die folgende Tabelle stellt einige Vorteile von Wohnungs- und Freilaufhaltung gegenüber:

Wohnungshaltung oder Freilaufhaltung?

Wohnungshaltung	**Freilaufhaltung**
Vermeidung zahlreicher Gefahren, wie Verkehr, Erkrankungen durch Parasiten, Vergiftungen etc. sowie auch Abhandenkommen durch z.B. Weglaufen, Diebstahl.	Interessantes, abwechslungsreiches Leben. Viele Eindrücke, keine Langeweile.
Mögliche Schwierigkeiten mit Nachbarn werden minimiert.	Frische Luft, genügend Bewegung.
Katze ist häufig verschmuster, da eng an den Besitzer "gebunden".	Katze kann ihre natürlichen Verhaltensweisen ausleben.
Unnötiger Stress wird vermieden.	Nur selten Verhaltensauffälligkeiten.
Keine Jagd auf Singvögel.	Möglichkeit zahlreicher Sozialkontakte.
	Geringe Abhängigkeit vom Halter.
	Haltungsaufwand wird verringert.

Katzenalter

Der Vergleich zwischen Katzenalter und Menschenalter ist nur bedingt möglich. Die statische Umrechnung wird der viel schneller verlaufenden Entwicklung der Katze nicht gerecht. Erst ab einem Alter von etwa 2 Jahren ist es möglich die Berechnung in etwa linear weiter zu führen.

Die Tabelle auf der nächsten Seite vergleicht - ausgehend von der Entwicklung der Katze - deren Alter mit dem des Menschen:

Phase	Entwicklung der Katze	Alter des Menschen
Baby	0 - 1 Monat	0 - 1 Jahr
Kind	2 – 3 Monate	3 – 5 Jahre
	4 Monate	7 – 8 Jahre
Teeny	6 Monate	12 Jahre
	12 Monate	15-16 Jahre
Erwachsener	18 Monate	20-21 Jahre
	2 Jahre	24 Jahre
	3 Jahre	28 Jahre
	4 Jahre	32 Jahre
	5 Jahre	36 Jahre
	6 Jahre	40 Jahre
	7 Jahre	44 Jahre
	8 Jahre	48 Jahre
	9 Jahre	52 Jahre
	10 Jahre	56 Jahre
Senior	11 Jahre	61 Jahre
	12 Jahre	66 Jahre
	13 Jahre	71 Jahre
	14 Jahre	76 Jahre
	15 Jahre	81 Jahre
	16 Jahre	86 Jahre
	17 Jahre	91 Jahre
	18 Jahre	96 Jahre
	19 Jahre	101 Jahre
	20 Jahre	106 Jahre

Umzug mit Katze?

Katzen sind territoriale Tiere, d.h. die ihnen vertraute Umgebung, ihr Territorium ist wichtig für sie.

Aus diesem Grunde und wegen der mit einem Umzug verbundenen Hektik reagieren Katzen schnell gestresst. Wichtig ist daher auch auf ihre Bedürfnisse einzugehen.

Beachten Sie die folgenden Punkte so erleichtern Sie ihrem Liebling den Umzug erheblich:

- Lassen Sie Ihrer Katze solange wie möglich eine ruhige Rückzugsmöglichkeit.

- Erst wenn alles andere erledigt ist, sollten Sie die Katze mit Kuschelkörbchen oder Decke, Spielzeug, Katzenklo und sonstigen Utensilien ins Auto setzen.

- - Der Kennel oder Transportkorb sollte idealerweise mit einer Decke oder einem großen Handtuch ausgelegt werden.

- - Füttern Sie die Katze vor der Fahrt nicht. Auch Katzen kann vom Autofahren schlecht werden.

- - Bei der Ankunft in der neuen Wohnung sollten Sie zuerst Wasser und Futter bereitstellen und den Stellplatz für die Katzentoilette festlegen. Zeigen Sie ihrer Katze die Orte als erstes und lassen Sie sie dann in Ruhe die neue Umgebung erkunden.
- - "Freigänger", sollten frühestens nach vier bis sechs Wochen unter Aufsicht ins Freie gelassen werden.

Kümmern Sie sich in dieser Zeit intensiv um ihre Katze(n). Mit etwas Einfühlungsvermögen wird Ihre Katze sich sicher schnell umgewöhnen und weiterhin gern bei Ihnen leben.

Allergien durch Katzen

Katzen sind beliebt. Doch sie sind häufig auch Auslöser von Allergien. Gibt es hypoallergene Katzen?

Ein großes Problem stellen für viele Tierfreunde Allergien dar. Etwa jeder 20. Deutsche ist gegen Katzenhaare allergisch. Genauer: Mensch reagiert allergisch auf die am Katzenhaar haftenden Rückstände von Speichel, Urin und Talg, die sich mit jeder sanften Luftbewegung in der Umgebung des pelzigen Freundes verteilen und schnell in der gesamten Wohnung sowie der sonstigen Umgebung des Tieres vorzufinden sind.

Die Allergene der Katze gehören zur Kategorie I, dem sogenannten Soforttyp. Das bedeutet, dass die Symptome der Allergie sofort bzw. binnen der ersten 10 Minuten des Kontaktes auftreten.

Die allergene Wirkung der Katze geht hauptsächlich von "Fel-d1" aus. So haben Wissenschaftler die Eiweißverbindung genannt, die bei zu Allergien neigenden Menschen zu geröteten Augen, Niesen, Schnupfen und Ausschlag führen kann.

Die Allergene sind leicht und klein (< 5 Mikrometer). Sie setzen sich in Teppichen und Möbeln ebenso fest wie an Wänden, Kleidung, Schuhen und auch im Haar von Katzenhaltern. Katzenbesitzer verteilen sie somit unbewusst in ihrer gesamten Umgebung. Selbst lange nachdem eine Katze in einem Haushalt abgeschafft wurde, sind die Allergene in der Wohnung noch nachweisbar.

"Fel-d1" wird von jeder Katze in den Speichel- und Analdrüsen sowie den Talgdrüsen der Haut produziert. Weitestgehend unklar ist bisher die Funktion von Fel-d1 bei der Katze. Nach bisherigen Erkenntnissen soll dieses Protein beispielsweise der Kommunikation von Katzen untereinander dienen, da es Pheromone/Duftstoffe trägt. Das bedeutet auch, dass potente Tiere mehr "Fel-d1" produzieren als kastrierte.

Übrigens: der hormonell gesteuerte Fel-d1-Gehalt ist von Tier zu Tier unterschiedlich hoch, was dazu führt, dass Mensch lange nicht auf jede Katze allergisch reagiert. Die Haarlänge der Katze spielt bei der Produktion des Allergens keine Rolle.

In einer Abhandlung der US-amerikanischen Akademie für Allergien, Asthma und Immunologie aus dem Jahre 2001 wird darüber hinaus davon gesprochen, dass Allergiker häufiger auf schwarze Katzen reagieren sollen, als auf ihre weißen Artgenossen. Wissenschaftlich bewiesen ist dies indes bisher nicht.

Hoffnung für Allergiker?

Nacktkatzen (Spynx), Rexkatzen (lockiges Fell) und andere als allergenfrei (hypoallergen) oder allergenarm angepriesene Rassen;

Da die Allergene nicht - wie häufig angenommen - durch das Haar der Katze, sondern durch deren Speichel etc. an die Umwelt abgegeben werden ist die Aussage, die Tiere seien hypoallergen schlichweg falsch.

Auch der Speichel dieser Katzenrassen enthält Fel-d1 sowie weitere der bis zu 18 bekannten Nebenallergene der Katze. Die Allergene werden allenfalls - wegen des fehlenden Fells bzw. der Fellbeschaffenheit der Tiere etwas langsamer verteilt.

Wie bereits ausgeführt, ist der "Allergengehalt" einzelner Katzenindividuen allerdings durchaus unterschiedlich. So ist zu erklären, dass der allergiegeplagte Mensch auf die eine Katze allergisch, auf eine andere jedoch kaum oder gar nicht reagiert.

Designerkatzen

Allergenfreie Züchtungen in USA / Designerkatzen

Seit einigen Jahren werden in den USA Katzen gezüchtet, bei denen das Hauptallergen Fel-d1 nicht vorhanden sein soll. Die Katzen sollen statt dessen eine "harmlose Variante" des Proteins besitzen.

Stolzer Preis: Die Designer-Katzen (gezüchtet wird u.a. mit Savannah-Katzen) haben allerdings einen stolzen Preis. Inklusive Versand nach Deutschland fallen Preise an, für die Sie ohne Weiteres auch einen Kleinwagen erwerben könnten.

Allerdings: neben Fel-d1 dem Hauptallergen, sind bei der Katze bis zu 18 weitere Nebenallergene bekannt. So wundert es auch nicht, dass die "Herstellerfirma" ihren Käufern eine 14-tägige Probezeit mit ihren neuen Hausgenossen einräumt, wie man auf deren Internetseite nachlesen kann.

Medizinische Versorgung

Wie jedes andere Lebewesen, so ist auch die Katze vor Krankheiten leider nicht gefeit.

Es gibt zahlreiche Erkrankungen, die Ihre Katze bekommen kann. Einige kommen häufig vor, bei anderen ist die Gefahr verhältnismäßig gering.

Einige verursachen "Unwohlsein", andere können tödlich enden.

Im Folgenden stelle ich Ihnen einige Erkrankungen kurz vor.

Allerdings ist eine Selbstdiagnose in den meisten Fällen nicht zu empfehlen. **Grundsätzlich gilt**: Sie können besser einmal öfter zum Tierarzt gehen, als einmal zu wenig!!

Übrigens es gibt durchaus auch Erkrankungen, die Sie sich von ihrer Katze "einfangen" können oder umgekehrt. (Informationen dazu im Kapitel Zoonosen).

Vitalwerte der Katze

Anhaltspunkte für ein mögliche **Erkrankung** Ihrer Katze können neben Mattigkeit, Freßunlust, struppigem Fell und anderem auch deren Vitalwerte sein. (Weitere Anhaltspunkte werden bei den einzelnen Erkrankungen erwähnt.)

Wie aber sollten die Vitalwerte der Katze im Normalfall sein ?

Puls: ca. 110-160 pro Minute (geringe Abweichungen sind kein Grund zur Besorgnis)

Atemfrequenz: ca. 20-30 Atemzüge pro Minute (im Ruhezustand)

Körpertemperatur: zwischen 38 und 39 Grad Celsius.

Vorsorgemaßnahmen

Zu den gesundheitlichen Vorsorgemaßnahmen, die Sie bei Ihrer Katze unbedingt treffen sollten gehört die regelmäßige Entwurmung sowie die Auffrischung der Impfungen mindestens gegen Katzenschnupfen und Katzenseuche. Einzelheiten finden Sie in den folgenden Kapiteln.

Parasiten

Unter Parasiten werden ein- oder mehrzellige Lebewesen verstanden, die mit anderen Lebewesen eine schmarotzende Lebensgemeinschaft eingehen, d.h. die sich auf oder in einem Wirtsorganismus von diesem ernähren.

Im Gegensatz zur Symbiose, bei der beide "Lebenspartner" gewisse Vorteile von diesem Zusammenleben haben, liegt der Vorteil hier allerdings nur beim Parasiten. Für den Wirtsorganismus ist das Zusammenleben von mehr oder weniger großen Beeinträchtigungen seines Wohlbefindens geprägt, die in leichten Fällen z.B. Juckreiz, aber auch erhebliche gesundheitliche Störungen oder gar den Tod des Wirtes hervorrufen können (Parasitose).

In einigen Fällen stellt sich zwischen dem Parasiten und seinem Wirt zwar eine Art Gleichgewicht – ohne besondere Symptome - her, dieses kann jedoch jederzeit durch innere oder äußere Umstände gestört werden und dann zu den bereits erwähnten Beeinträchtigungen führen. Für den Parasiten besteht in diesen Fällen das Risiko abzusterben oder ausgeschieden zu werden.

Je nach Art der Parasiten lassen diese sich in eine von zwei Gruppen einteilen.

Von Ektoparasiten spricht man dann, wenn der Parasit sich auf der Körperhülle des Wirtes aufhält. Hierzu zählen auch Parasiten, die in den Körperöffnungen der Katze (Augen, Nase, Ohren etc.) leben.

104

Alle bei unseren Samtpfötchen relevanten Ektoparasiten sind den Gliederfüsslern (Arthropoden) zuzuordnen. In Frage kommen hier Flöhe, Milben, Haarlinge und Zecken.

Die zweite Art möglicher Parasiten sind die Endoparasiten, die im Körper des Wirtes leben. Mögliche Schmarotzer sind entweder Würmer (Band- und Spulwürmer) oder Protozoen; Einzeller wie z. B. *Toxoplasma gondei* oder *Isospora felis* die zu Erkrankungen des Darms mit Durchfall, Fieber etc. führen können.

Zur Vorsorge ist zunächst einmal eine regelmäßige **Entwurmung** Ihrer Katze angeraten. Erwachsene Wohnungskatzen (d.h. Katzen ohne Auslauf) sollten mindestens 1x jährlich entwurmt werden um etwa vorhandene Würmer abzutöten.

Für Freigänger ist eine Entwurmung alle 3 Monate angeraten, da das Risiko einer Aufnahme in der Natur erheblich größer ist, als bei Katzen aus reiner Wohnungshaltung.

Die Wurmkur wird meist als Paste ins Maul der Katze gegeben. Auch andere Darreichungsformen sind geläufig. Eine Wurmkur schützt nicht vor Neubefall sondern tötet vorhandene Würmer ab. Wurmkuren sollten nie gemeinsam mit Schutzimpfungen sondern etwa 10-14 Tage vorher erfolgen.

Da es zahlreiche Präparate gibt, die gegen unterschiedliche Arten von Würmern helfen, sollten Sie sich von Ihrem Tierarzt beraten lassen.

Eine „Ansteckung" mit Würmern kann auf vielfältige Weise erfolgen. Katzenbabys können bereits durch das Saugen bei der Mutter infiziert werden. Ältere Katzen infizieren sich häufig durch die Aufnahme von Wurmeiern die von anderen Tieren mit dem Kot ausgeschieden wurden.

Auch das Fressen von Fliegen oder rohem Fleisch sowie Flohbefall kann zur Infektion führen.

Gegen **Zecken, Flöhe, Milben** etc. hilft neben der regelmäßigen Untersuchung ihrer Katze die Anwendung eines Anti-Floh-Mittels, das als sogenanntes Spot-On Präparat in den Nacken der Katze geträufelt wird.

Von der Verwendung von Flohhalsbändern wird dringend abgeraten, da insbesondere bei Freigängern die Gefahr besteht, das die Katze hängen bleibt und sich stranguliert.

Infektionskrankheiten ..

Bakterielle und virale Infektionen sind – neben Verletzungen durch Unfälle oder Vergiftungen - die häufigsten Krankheitsgründe bei der Katze. Viele von Ihnen sind – sofern die Erkrankung einmal ausgebrochen ist nur schwer oder überhaupt nicht in den Griff zu bekommen. Die wesentlichen Erkrankungen werden im Folgenden kurz beschrieben.

Katzenschnupfen

Der Katzenschnupfen ist im Gegensatz zu den meisten anderen, möglichen Erkrankungen der Katze keine "Einzelkrankheit".

Als Auslöser kommen mehrere Viren oder Bakterien (Chlamydien) in Frage, wobei oft auch eine Infektion durch mehrere der Erreger erfolgt. Die Krankheitssymptome ähneln sich jedoch immer.

Problematisch ist, das ein Abtöten der Erreger nur bedingt möglich ist. Eine einmal infizierte Katze benötigt daher eine intensive, medikamentöse Behandlung.

Krankheitssymptome sind:

Schnupfen mit Nasenausfluss, Bläschen oder Geschwüre im Rachenraum, tränende Augen, Appetitlosigkeit,Fieber, Mattigkeit, Bronchitis / Lungenentzündung

Chronische Spätfolgen, Erblindung und Lungenschäden kommen vor. Insbesondere bei Jungkatzen ist eine Erkrankung nicht selten tödlich.

Zu beachten ist weiterhin, dass der bakterielle Erreger, die Chlamydien auf den Menschen übertragbar sind (siehe auch Kapitel Zoonosen).

Eine regelmäßige Impfung bietet Schutz. Geimpft wird ab der 8. Lebenswoche der Katze.

FIE - Katzenseuche

Die Katzenseuche ist eine Viruserkrankung, die durch das Feline Panleukopenie-Virus hervorgerufen wird. Auch die Bezeichnungen Feline Infektiöse Enteritis (FIE) oder Feline Parvovirose sind gebräuchlich.

Das sehr kleine Virus führt zu Erbrechen, Fieber (bis zu 41 Grad), starken - teilweise blutigem - Durchfall und damit verbundenem starken Flüssigkeitsverlust.

Gleichzeitig wird durch die Erkrankung das Immunsystem der Katze geschwächt.

Die Infektion ist bei Freigängern ebenso möglich wie bei reinen Wohnungskatzen, da das Virus auch außerhalb des Katzenkörpers sehr stabil ist und somit z.B. über Kleidung und Schuhe in die Wohnung eingeschleppt werden kann.

Ein Schutz durch eine regelmäßige Impfung ist möglich. Die erste Impfung (ab der 8. Lebenswoche) sollte nach einem Jahr aufgefrischt und dann spätestens alle 3 Jahre wiederholt werden, auch wenn amerikanische Studien davon ausgehen, dass die Immunität etwa 7 Jahre lang anhält.

FeLV/Leukose

Die Leukose ist eine Viruserkrankung, die durch das Feline Leukämie-Virus ausgelöst wird. Leukose ist eine häufige Todesursache bei Katzen.

Die Infektion ist über den Speichel anderer, infizierter Katzen z.B. bei der Fellpflege, beim Beschnuppern, beim Fressen aus dem gleichen Napf, etc. möglich.

Gefährlich ist, das eine infizierte Katze lange Zeit keine sichtbaren Symptome zeigen kann, sehr wohl jedoch andere Katzen ansteckt. Die latent vorhandene Erkrankung kann durch äußere Einflüsse wie z.B. Stress aktiviert werden.

Sichtbare Krankheitsanzeichen (oft erst bei einer Erkrankung im Endstadium) sind unter anderem Erbrechen, Durchfall, Mattigkeit, Zahnfleischentzündungen sowie Tumore, Immunschwäche und Abmagerung.

Das Virus kann - mit etwas Glück - im Blut der Katze nachgewiesen werden. Leider ist ein negatives Ergebnis des Tests nicht immer ein Zeichen für Virusfreiheit der Katze, da sich das Virus in den Organen "verstecken" kann und dort nicht zu diagnostizieren ist. Es empfiehlt sich daher ein mehrmaliger Test in größeren Zeitabständen.

Die Todesrate - mehrfach positiv getesteter - infizierter Katzen liegt bei über 90 Prozent.

Durch regelmäßige Impfung der Katze kann diese geschützt werden. Vor der Impfung ist ggf. durch eine Blutuntersuchung sicherzustellen, dass nicht bereits ein Infekt vorliegt. Die Impfung ist ab der 12. Lebenswoche möglich.

FIP - Feline Infektiöse Peritonitis

Bei der FIP (Bauchwassersucht) handelt es sich ebenfalls um eine Viruserkrankung. Es gibt zwei Formen, die trockene und die feuchte Bauchwassersucht.

Es wird heute davon ausgegangen, dass Auslöser eine Mutation des Coronavirus ist, die z.B. bei Stress der Katze ausgelöst wird. Coronaviren sind in der nicht mutierten Form oft Auslöser für Durchfall der Katze. Die meisten Katzen sind bereits mit diesem Virus in Kontakt gekommen. Der Viruskontakt ist im Blut nachweisbar (Antikörperbestimmung), die Zahl der Antikörper wird durch einen Titerwert, z.B. 1:100 ausgedrückt. Ein festgestellter Titer lässt leider noch keinerlei Aussage darüber zu, ob die Katze an FIP erkrankt ist, sondern gibt lediglich Auskunft darüber, ob die Katze Viruskontakt (das ist wahrscheinlich die harmlose Variante des Coronavirus) hatte. Zur Erhärtung einer Vermutung auf FIP wären neben Feststellungen zum Allgemeinzustand der Katze umfangreiche Blutuntersuchungen nötig (Großes Blutbild). Eine zweifelsfreie Diagnose lässt sich bisher nur am toten Tier vornehmen.

Eine ausgebrochene FIP-Infektion verläuft tödlich. Meist sind Jungtiere betroffen.

Es existiert eine "Impfung" bei der der Impfstoff in die Nase der Katze geträpfelt wird. Diese Impfung ist jedoch sehr umstritten. Die Impfung kann ab der 16. Lebenswoche durchgeführt werden, wird jedoch allgemein nicht empfohlen.

FIV / Felines Immunschwäche Virus

Die Erkrankung wird auch als Katzenaids bezeichnet. Sie wird durch ein Virus verursacht, der wie das menschliche AIDS-Virus zu den Retroviren gehört. Eine Übertragung auf andere Tierarten oder den Menschen ist ebenso wenig möglich, wie die Infektion von Katzen mit dem menschlichen HI-Virus.

Das Virus kommt nach wissenschaftlichen Untersuchungen sowohl bei Raubkatzenpopulationen als auch bei Hauskatzen vor.

Wilde Katzenarten wie Löwen, Geparde oder auch Pumas scheinen eine Resistenz gegen das Virus entwickelt zu haben. Obwohl viele infiziert sind, d.h. das Virus bei Untersuchungen nachweisbar ist, treten keinerlei Krankheitssymptome auf.

Bei unseren Haus- und Rassekatzen ist das Virus nach US-amerikanischen Untersuchungen bei 1,5 Prozent gesunder Katzen bis zu 15 Prozent bei kranken Tieren nachweisbar.

FIV wird durch Biss- und Kratzverletzungen sowie beim Geschlechtsakt übertragen. Die größte Ansteckungsgefahr besteht bei Freigängern. Wohnungskatzen sind in erheblich geringerem Umfang betroffen.

Es ist auch möglich, dass der Katzennachwuchs bereits vor oder während der Geburt bzw. durch die Muttermilch infiziert wird, dieses Risiko ist allerdings nicht allzu hoch.

Infizierte Katzen bleiben oft über einen längeren Zeitraum hinweg unauffällig. Bei Jungtieren, älteren oder geschwächten Tieren, bei denen das Immunsystem bereits angegriffen ist, kann FIV dazu führen, dass üblicherweise eher ungefährliche bakterielle Infektionen oder Viruserkrankungen zu schweren Erkrankungen führen.

Mögliche Krankheitsanzeichen sind struppiges Fell, Appetitlosigkeit oder länger anhaltendes Fieber. Hautentzündungen, Entzündungen der Maulhöhle, der Atmungsorgane oder der Blase sind ebenfalls häufige Erscheinungen. Des weiteren können starker Gewichtsverlust oder die Neigung zur Tumorbildung an den Lymphknoten auf eine FIV-Erkrankung hindeuten.

Eine Impfung ist gegen das FI-Virus bisher nicht möglich. Die medizinischen Maßnahmen können nur in einer allgemeinen Stärkung des Immunsystems sowie der Behandlung der Nebenerkrankungen z.B. durch Antibiotika bestehen.

Tollwut

Bei der Tollwut handelt es sich um eine Viruserkrankung, an der alle Säugetiere einschließlich des Menschen erkranken können (vgl. auch das Kapitel Zoonosen).

Der Krankheitsverlauf ist bei ungeimpften Tieren immer tödlich.

Die Erkrankung äußert sich in Krampfanfällen, Wahrnehmungs- und Bewusstseinsstörungen. Tollwütige Tiere greifen nicht selten andere Tiere (auch größere) oder ihre Besitzer an.

Die Krankheit ist meldepflichtig. Tollwutverdächtige Tiere werden nicht behandelt sondern getötet, sofern nicht die regelmäßige Impfung nachgewiesen ist.

Eine regelmäßige Impfung bietet umfassenden Schutz. Zu beachten ist, dass zwischenzeitlich keine jährliche Impfung gegen Tollwut mehr erfolgen muss. Es gibt bereits mehrere Impfstoffe auf dem Markt, bei deren Verwendung eine Wiederholungsimpfung erst nach 2-4 Jahren (je nach verwendetem Impfstoff) erforderlich ist. Die Tollwut-Verordnung aus dem Jahre 1991 wurde im Dezember 2005 entsprechend geändert.

Die Erstimpfung wird ab der 12. Lebenswoche durchgeführt.

Impfplan für Katzen:

Zunächst einmal gibt es keinen verbindlichen Impfplan für Katzen. Alter und Gesundheitszustand des Tieres sind zu berücksichtigen. Impfarten und -intervalle sollten mit Ihrem Tierarzt abgesprochen werden.

Voraussetzung für jede Impfung ist, das das Tier gesund und parasitenfrei ist.

Die Grundimmunisierung wird üblicherweise ab der 8. Lebenswoche durchgeführt, wobei diese bei allen Impfungen – außer gegen die Tollwut – aus einer Erstimpfung und einer Nachimpfung nach etwa 4 Wochen besteht.

In der Folgezeit wird die Impfung regelmäßig aufgefrischt.

	Grundimmunisierung		Auffrischung
gegen:	*Erstimpfung*	*Folgeimpfung*	*Folgeimpfung*
Katzenseuche	8-9. Woche	12. bis 13. Woche	jährlich
Katzenschnupfen	8.-9. Woche	12. bis 13. Woche	jährlich
Leukose	16. bis 18. Woche	20. bis 22. Woche	jährlich

FIP nicht empfohlen	16. bis 18. Woche	19. bis 21. Woche	jährlich
Tollwut	ab 12. Woche	-	alle 2 bis 4 Jahre je nach Impfstoff

Nicht unerwähnt bleiben soll in diesem Zusammenhang auch, dass nach US-amerikanischen Studien Auffrischungsimpfungen allgemein erst nach einer Zeit von 3-7 Jahren als erforderlich angesehen werden. Auch hierzu sollten Sie sich ggf. von Ihrem Tierarzt beraten lassen.

Zoonosen

Vom Tier zum Mensch – und umgekehrt ...

Unter Zoonosen werden bestimmte Krankheiten verstanden; und zwar Krankheiten, die vom Tier auf den Menschen übertragen werden können (Zoonosen) - oder auch vom Menschen auf das Tier übertragbar sind (Anthropozoonosen).

Von den Krankheiten bzw. Erregern, die bei der Katze anzutreffen sind, sind die folgenden acht für den Menschen relevant d.h. sie können zu Beschwerden führen oder sind wirklich gefährlich.

Bei der **Tollwut** handelt es sich um eine Erkrankung, die durch Rhabdoviren ausgelöst wird. Die Übertragung auf den Menschen erfolgt hauptsächlich durch Biss- und Kratzwunden, das Virus kann jedoch auch durch bereits vorhandene Verletzungen der Haut (Läsionen) in den Körper des Menschen eindringen.

Eine Ansteckung macht sich durch Unruhe, Kopfschmerzen, Wasserscheu, Lähmungen und Krämpfe bemerkbar. Nach 4-10 Tagen tritt der Tod ein.

Die **Toxoplasmose** wird durch den Erreger "toxoplasma gondii" übertragen. Gelangt dieser aus dem Katzenkot (z.B. bei Säuberung des Katzenklos) oral in den Körper des Menschen, sind schwere Erkrankungen, insbesondere bei Ungeborenen und Kindern möglich. Der Erreger führt bei Kindern und Jugendlichen oft zu Hirnhautentzündungen, bei Erwachsenen sind Milz- und Leberbeschwerden, Herzmuskelerkrankungen etc. möglich, obwohl die Krankheit hier meist symptomlos bleibt.

Schwangere und deren ungeborene Kinder sind, da der Erreger über die Plazenta auf den Fötus übertragen werden kann, besonders gefährdet. Hier besteht das Risiko, dass "toxoplasma gondii" bei Erstinfektion zu Fehl- und Totgeburten führt, auch Behinderungen des Babys sind möglich.

Das **Bakterium** "Heliobacter heilmanii", eine Abart eines beim Menschen zu findenden Gastritis-Erregers, kann bei der Entstehung von Magengeschwüren mitwirken. Bei Untersuchungen haben schweizerische Wissenschaftler bei einem Patienten dieses Bakterium nachgewiesen, dass sich auch im Magen seiner Katze fand.

Die orale Aufnahme von Eiern des **Bandwurm**s kann zu Bandwurmbefall führen. Die schlüpfenden Finnen setzen sich in der Leber fest und führen zu irreparabelen Schäden.

Auch die Eier des **Spulwurm**s können, oral aufgenommen, zu Schäden führen. Die Larven setzen sich hauptsächlich bei Kindern in der Muskulatur fest.

Eine weitere Gefahr geht von **Flohbefall** aus. Die Tiere springen direkt oder indirekt auf den Menschen über und hinterlassen stark juckende Stiche; außerdem sind Flöhe Zwischenwirte mancher Bandwurmarten was ein weiteres Risiko darstellt.

Bei der **Mikrosporie** handelt es sich um eine durch "microsporum canis" verursachte Erkrankung, die nach einer Inkubationszeit von etwa 1-4 Wochen zu Haarbruch, Haarausfall, rundlich haarlosen Stellen, schuppender Haut und ggf. auch zu Entzündungen führen kann.

Die Aufnahme erfolgt meistens durch direkten Kontakt zum befallenen Tier, evtl. auch indirekt über Schlafdecken, Fellbürste etc.

Schlussendlich bleibt noch die sogenannte **Cat-Scratch-Disease**, die **Katzenkratzkrankheit**. Sie wird durch *Chlamydien* übertragen, die durch Biss- und / oder Kratzwunden in den Körper des Menschen gelangen.

Nach einer Inkubationszeit von wenigen Tagen bis mehreren Monaten, führt die Krankheit zu Schwellungen der Lymphknoten, Fieber, Schwächeanfällen und Schmerzen. Die Erkrankung läuft allerdings zumeist mild ab und verschwindet nach wenigen Wochen von selbst.

Kastration / Sterilisation

Die Geschlechtsreife von Katzen kann – abhängig von Rasse und Geschlecht des Tieres - bereits mit etwa 6 Monaten eintreten.

Spätestens ab diesem Zeitpunkt sollten Sie sich daher Gedanken über eine Kastration Ihrer Katze machen.

Unkastrierte Katzen werden - in Abhängigkeit von den natürlichen Lichtverhältnissen, die sich auf die Bildung der Sexualhormone auswirken - mehrmals im Jahr paarungsbereit (rollig). Sie wälzen sich dabei auf dem Boden, versuchen durch laute Schreie einen paarungsbereiten Kater herbei zu locken und setzen zu diesem Zweck oft auch Duft- und Kratzmarken ab. - Die Rolligkeit kann sich in regelmäßigen Abständen von zwei bis vier Wochen wiederholen. Sie endet erst mit der Deckung durch einen Kater oder wenn der Zyklus zum Winter hin durch abnehmendes Tageslicht unterbrochen wird.

Kurzum eine rollige Katze ist gestresst und nervt darüber hinaus auch schnell ihren Besitzer.

Eine Kastration der Katze schließt nicht nur unerwünschten Nachwuchs aus, sie beendet auch die mit der Paarungsbereitschaft einhergehenden Verhaltensweisen der Katze. Ein weiterer, nicht unwesentlicher Grund für eine Kastration der Katze ist auch, dass in der Wohnung gehaltene Katzen oft dauerrollig werden, was den Stress der Tiere verstärkt und des Weiteren oft zu Gebärmutterentzündungen führt.

Kater können täglich mehrmals decken und sollten ebenfalls unbedingt kastriert werden. Potente Kater versuchen durch lautes Rufen paarungsbereite Katzen in ihrer Nähe ausfindig zu machen. Sie markieren ihr Revier mit äußerst streng riechenden Harnmarken, die beispielsweise aus Polstern oder Teppichboden nur sehr schwer wieder zu entfernen sind. Deutliche Kratzspuren an Wänden und Möbeln kommen beim Katzenbesitzer auch nicht gut an. Ein Kater wird jede Gelegenheit nutzen um zu einer rolligen Katze zu kommen. Dabei streunt er, wie auch die weibliche Katze und dehnt seine Suche immer weiter aus, was zu zahlreichen unnötigen Gefahrensituationen führt.

Was geschieht beim Eingriff?

Die **Katze** erhält eine Narkose, der Unterbauch wird rasiert, desinfiziert und anschließend beide Eierstöcke (meist auch direkt die Gebärmutter) entfernt.

Auch der **Kater** erhält eine Narkose. Das Fell an den Hoden wird entfernt, die Operationsstelle desinfiziert und zwei kleine Schnitte gesetzt. Hierdurch werden Gefäße und Samenleiter abgebunden und schließlich die Hoden entfernt.

Vor und nach dem Eingriff dürfen die Tiere übrigens kein Futter erhalten. Bereits am Tag danach ist Ihre Katze wieder fit.

Im Gegensatz zur Kastration werden bei einer Sterilisation von Katze oder Kater lediglich die Eileiter bzw. Samenleiter durchtrennt. Damit wird zwar eine Vermehrung der Tiere ebenfalls unterbunden, alle anderen aus menschlicher Sicht negativen Punkte wie (Dauer-)Rolligkeit, Markierverhalten, Rangordnungskämpfe etc. bleiben jedoch erhalten, da bei einer Sterilisation Eierstöcke und Hoden der Katzen an ihrem Platz bleiben und damit auch die Sexualhormone weiterhin gebildet werden.

Kennzeichnung der Katze mit MikroChip

Zur eindeutigen Kennzeichnung der Katze wurde früher auf eine Tätowierung am Ohr zurückgegriffen, die unter Narkose gesetzt werden musste. Tätowierungen haben jedoch den Nachteil, dass sie mit der Zeit verblassen und unleserlich werden können.

Mit fortschreitender Technik verliert die Tätowierung der Katze immer mehr an Bedeutung. Zur Kennzeichnung wird heute ein Microchip an der linken Halsseite gesetzt. Der nur zwölf Millimeter kleine Transponder wird mit einer sterilen Kanüle unter die Haut gespritzt. Der Eingriff ist nicht schmerzhaft und erfolgt ohne Narkose. Mit einem Lesegerät kann der im Chip gespeicherte, einmalige Zahlencode ausgelesen und somit die Katze ihrem Besitzer im Bedarfsfall eindeutig zugeordnet werden.

Voraussetzung für die Identifizierung ist die Registrierung der Daten von Halter und Katze bei einem Haustierzentralregister.

Endlich eine Katze

Stichwortverzeichnis

Anhang

Katzen im Internet

Welt der Katzen – http://www.welt-der-katzen.de

Katzenbücher

Die zahmen Wilden und die wilden Zahmen ...

von Maria Falkena-Röhrle, Marcus Skupin (Hrsg.)

Edition Welt der Katzen – Band I

erschienen bei BOD, Norderstedt

544 Seiten mit ca. 200 (teilweise farbigen) Abbildungen

Format ca. 17x22 cm, Hardcover

ISBN-13: 978-3-8391-0383-8

ISBN: 3839103835

Meine Wildkatzen

von Heide-Marie Fahrenholz

erschienen bei Piper & Co., München, 1980,

ISBN: 3-492-02537-4

Katzennamen

für Kater	für Katzen
Adonis, Aladin, Azur, Arak, Apophis, Antreju, Akita, Aramis, Assuan	Arielle, Ashanti, Asyra, Alta, Amy, Alisa, Alisea,
Bastian, Basti, Batman, Balou, Bayle, Benjamin, Benji, Beluga, Baghera, Bandit, Boris, Berry,	Belle, Beverly, Bijou, Bianca, Bria, Belana, Belinda, Bella, Bevy, Buffy, Blümchen,
Caruso, Claude, Cecil, Casimir, Cherokee, Checky, Caspar, Chester, Cappuchino,	Cachie, Cecilie, Charmie, Celine, C(h)iara, Cindy, Cheyenne, Charisma, Chandani, Coconut,
Dusty, Donald, Dreamer, Diabolo, Damian, Demian, Dominik,	Daphne, Dorit, Delia, Debbie, Diva, Doreen, Destiny, Daisy, Deena,
Ernesto, Etienne, Enrico, Elvis, Energy, Eumel, Elwood,	Eliza, Elle, Evelyn, Eileen, Evita, Elaine, Elea, Esprit, Elouise, Eve, Elfe
Feivel, Filou, Fernando, Fabienne, Faulpelz, Felix, Findus,	Fratzi, Fanny, Fee, Farina, Fiona, Faye, Fatima, Felicitas, Fay, Fina, Fabiola, Flo
Gismo, Gino, Grizu, Gordi, Giovanni, Giorgio, Giro,	Gina, Gracy, Gladys, Guinevere, Gilli, Gitti, Ginger, Galicia, Grisha,
Habakuk, Hashiro, Hero, Haruki, Homer, Harlequin, Harry,	Hadasha, Harumi, Hazel, Hayah, Heather, Hillary, Hexe, Hexie,
Ikarus, Igor, Indigo, Inaki, Imo, Immo, Indio,	Imani, Ivanna, Isola, Isis, Isabella, Isa, Irina, Ina, Isha,
Jaidee, Jeronimo, Jaipur, Jesse, Julian, Jawani, Jim, Jimmie,	Jasmin, Julie, Josie, Josy, Jodie, Jamie, Janina, Jessie, Jeanie,
Kirby, Karim, Kasimir, Kevin, Kashmir, Kyto, Kitano,	Kathy, Kiara, Kira, Katinka, Kaya, Kimerley, Kitty, Kessi, Kiwi, Kicki
Leslie, Lennie, Leroy, Littlefoot, Lumumba, Luca	Leonie, Latisha, Leila, Lynn, La Belle, Loreley, Luna, Liva, Liv, Liv
Massimo, Maurice, Max, Melvin, Myoko, Merlin, Mikado,	Masha, Maggi, Mausi, Mäuschen, Mon Cherie, Marisi, Maja, Manou, Macy

Nino, Nikita, Nikolai, Nishi, Napoleon, Nando, Namir, Noel, Nono	Naima, Nikoletta, Nelli, Naomi, Nala, Nesrin, Nessi, Nele, Nicola, Nomé, Nami,
Omar, Omelly, Oscar, Ottawa, Octo, Olli, Onko, Odin,	Orchidee, Ophelia, Olivia, Organza, Ora, Orinia,
Pokemon, Pika Chu, Pepito, Paquita, Percy, Paule, Piotr,	Pia, Paloma, Pepita, Priscilla, Penelope, Peach
Quincy, Quinny, Quo, Quint, Quasimodo, Quick, Quero,	Queen, Quadropheia, Quandra, Quirlie, Querida
Rocky, Robin, Rossini, Rusty, Romeo, Raschid, Rain, Rufus,	Roxy, Roxanna, Rosalie, Ronja, Rebecca, Rosina, Rieke
Sammy, Samson, Sushi, Simba, Singha, Sunny, Sharim, Sam,	Sahiba, Sinthia, Scarlett, Sitara, Sophie, Stella, Soraya, Sora, Sissi,
Timo, Tai Pan, Tarek, Ti-Amo, Trajan, Timor, Tino, Teddy,	Tosca, Tiffany, Taraneh, Tamara, Teresa, Tipsy, Trulla, Tama
Uru, Usto, Ulrich, Udo, Utah, Urso, Usus, Ursos,	Ulli, Ulla, Uhura, Uganda, Unity, Ulana, Ulanka, Ushara, Usa, Uzuri,
Vanderbilt, Vito, Vitorio, Valentino, Victor, Vero,	Vanessa, Virgin, Velvet, Victoria, Virginia, Vroni, Venus, Vera, Valerie,
Winnetou, Wayne, Wesley, Woody, Wombat,	Wendy, Whoopie, Witney, Wilma, Wynona,
Xaver, Xavier, Xander, Xoxo, Xerxes, Xhinga,	Xelia, Xandra, Xenia, Xanadou, Xantana, Xana,
Yankee, Yukon, Yussuf, Yves, Yesterday, Yves, Yury	Yasmin, Yvette, Ysola, Yentl, Yanni,
Zorro, Zampano, Zacharias, Zottel, Zaphiro,	Zorie, Zinthia, Zora, Zafira, Zera, Zarina, Zarah, Zarina, Zoe,

Weitere Katzennamen finden Sie unter:

www.welt-der-katzen.de/katzenhaltung/haltung/katzennamen/namen.html